# MOOSBILDER *gestalten*

Sven Job

# MOOSBILDER gestalten

Trend-Deko
für ein natürliches
Raumgefühl

CV

# Inhalt

## PROJEKTE

# Vorwort

Moos als natürlicher Rohstoff hat mich schon immer begeistert. Oft habe ich Fotos auf langen Waldspaziergängen gemacht und mich später daran erfreut. Moose zur Gestaltung von Gestecken waren mir allerdings immer zu langweilig.

Als nun vor ein paar Jahren die ersten Ideen für Moosbilder und Moos-Graffitis auftauchten, war ich vom ersten Moment an gefesselt von der Idee, ein Stück Natur auf eine gestalterisch schöne Art und Weise in die eigenen vier Wände zu holen. Die ersten Versuche sind zwar gescheitert. Ich habe das Thema aber immer weiterverfolgt und meine Fortschritte in meinem Blog unter moosbilder.de festgehalten.

In diesem Buch möchte ich dir ein paar Tipps und Beispiele mit auf deinen Weg zum eigenen Moosbild geben. Du wirst viele grundlegende Informationen zum Werkstoff Moos bekommen und dazu, warum Moos sich nicht nur zur Verschönerung eignet, sondern auch andere positive Eigenschaften hat. Ich werde dir an praktischen Beispielen zeigen, wie du Schritt für Schritt vom Moos zu einem grünen Kunstwerk an deiner Wand kommst.

An dieser Stelle möchte ich mich herzlich bei meinem Sponsor moosdesign.de bedanken, der alle Materialien für die Projekte bereitgestellt hat.

August 2022

Sven Job

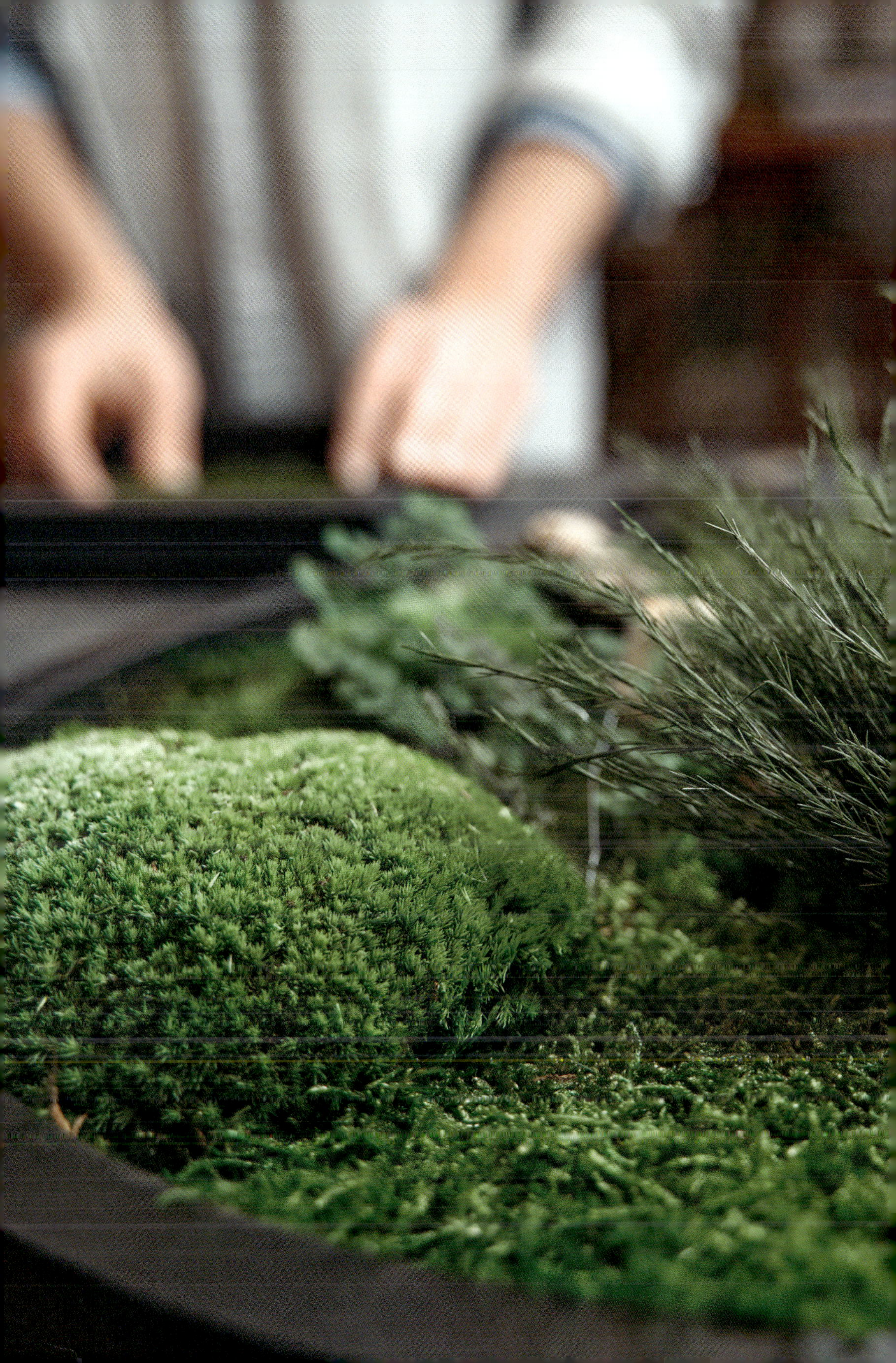

# Faszination Moos

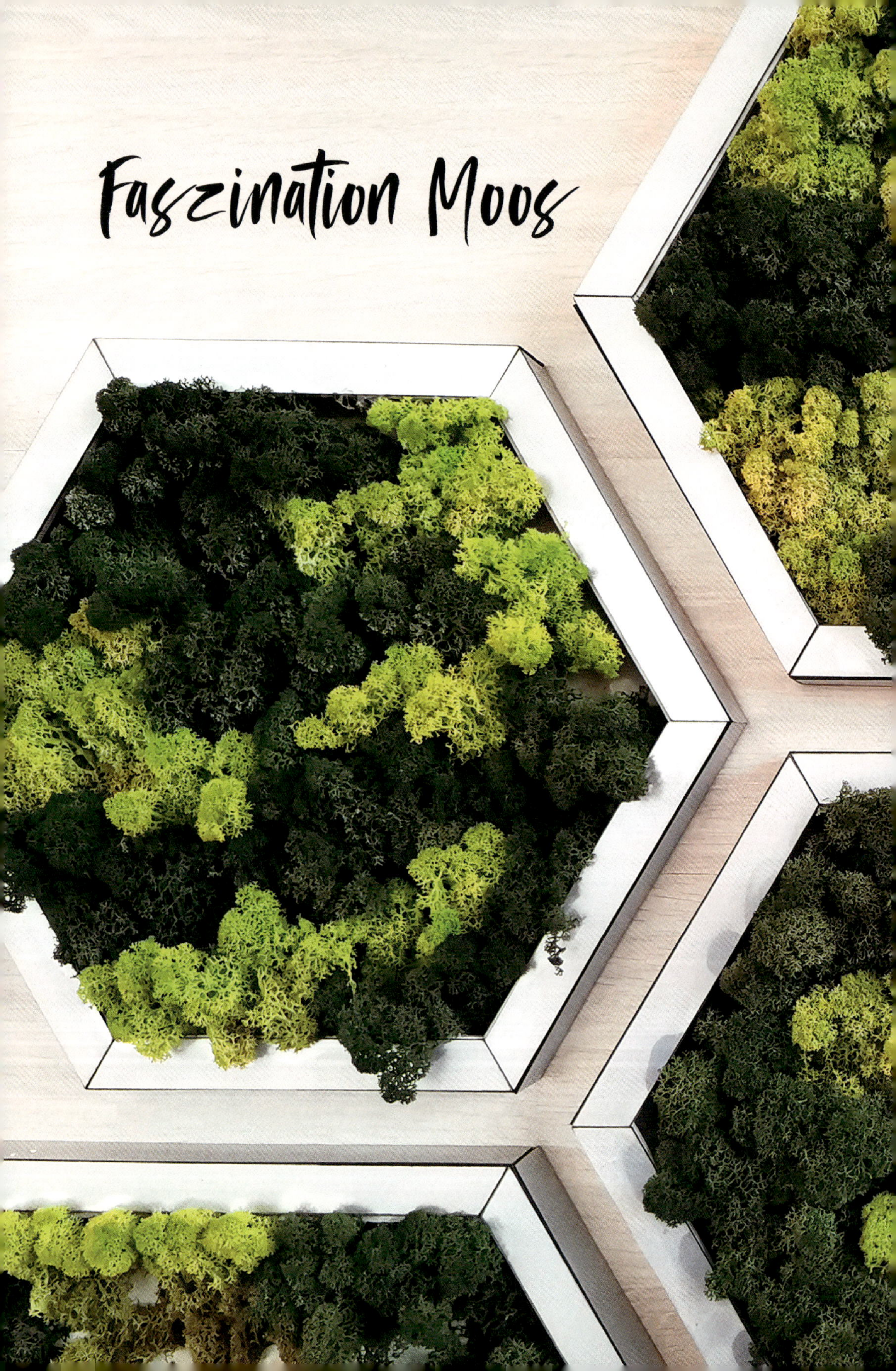

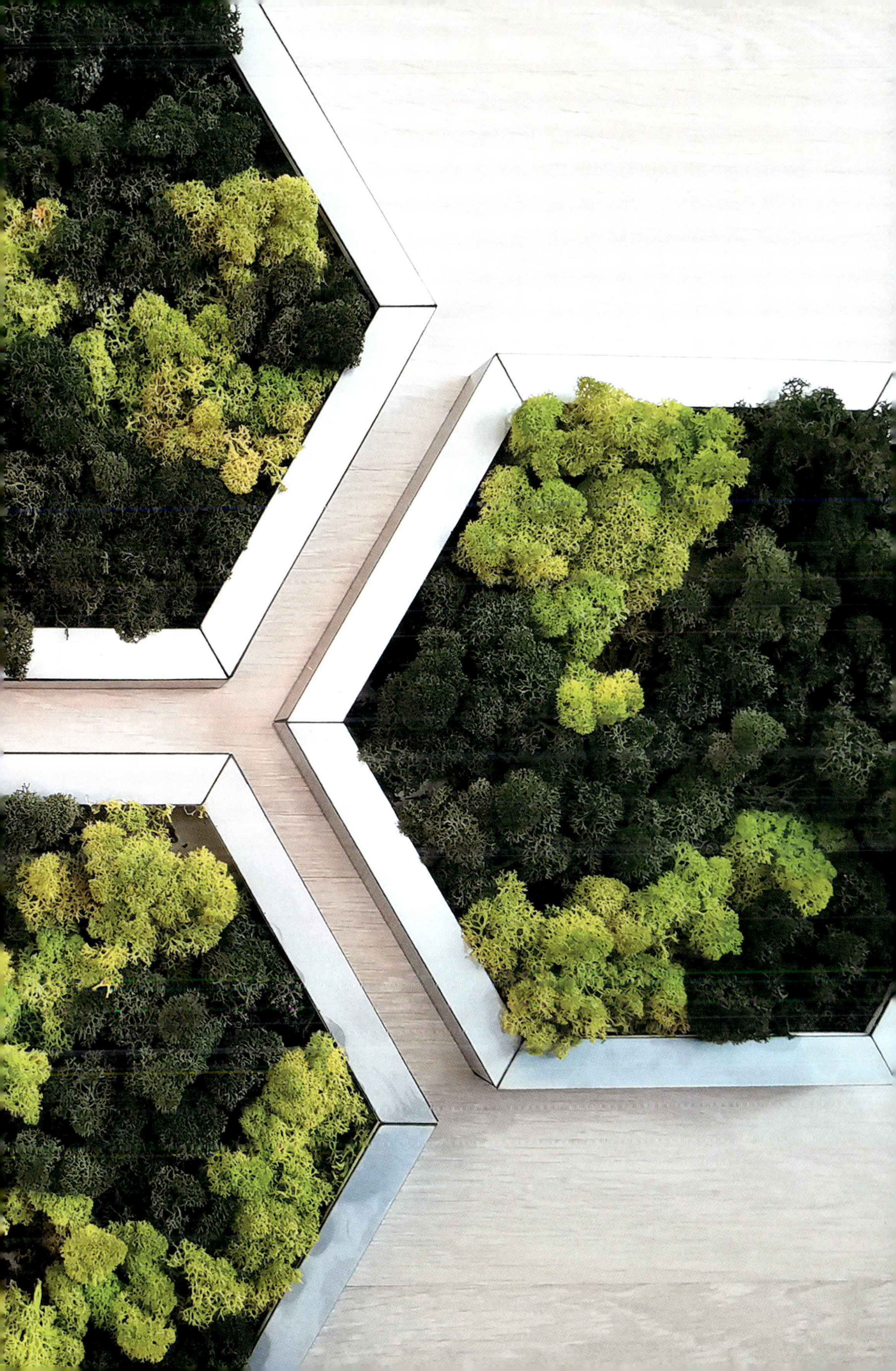

# Moosbilder: Grüne Kunstwerke aus der Natur

Suchst du nach einem nachhaltigen Zimmerschmuck oder einer natürlichen Dekoration für repräsentative Räume? Oder bist du auf der Suche nach etwas Ausgefallenem für ein interessantes DIY-Projekt? Wenn du einen kräftigen farblichen Akzent setzen möchtest, empfehlen sich attraktive Moosbilder. Sie ziehen die Blicke auf sich und tun den Augen gut. Es gibt sie in vielen verschiedenen Formen und Größen. Mit dem Naturmaterial Moos gelingen dir vollkommen unterschiedliche Kompositionen, die modern und abstrakt, zeitlos oder wildromantisch wirken können. Die Farbe Grün spiegelt den Zeitgeist wider und bringt Frische in deine Räume. Stilvolle Moos- und Pflanzenwände verbreiten eine natürliche Atmosphäre in Gebäuden.

Neben dem dekorativen Aspekt bieten Moosbilder weitere wichtige Vorteile: Sie sind gut für das Raumklima, und als Schallschlucker sorgt Moos zudem für eine bessere Raumakustik. Außerdem wird der Feinstaub in Räumen durch Objekte mit Moos reduziert. Auch auf Terrassen oder Balkonen kommt Moos als pflanzliches Dekorationsmaterial zum Einsatz, etwa auf Pflanzkübeln und -körben oder als Verzierung von Verkleidungen.

Dein selbst geschaffenes Moosbild kannst du über dein Bett oder dein Sofa hängen. Über einem Sideboard im Esszimmer ist es ebenfalls ein Hingucker. Vielfach kommen Moosbilder auch in großen Räumen wie einer Hotellobby zum Einsatz. Neben der dekorativen Verschönerung von Wohnräumen und Empfangshallen eignen sich großzügige und exquisite Gestaltungen mit Moos auch für Großraumbüros oder Messestände. Vielleicht hast du auch schon Moosbilder in Wartezimmern von Arztpraxen oder in Seminar- und Konferenzräumen gesehen und ihre beruhigende Wirkung wahrgenommen. Die Objekte drücken Verbundenheit mit der Natur und ein ökologisches Bewusstsein aus.

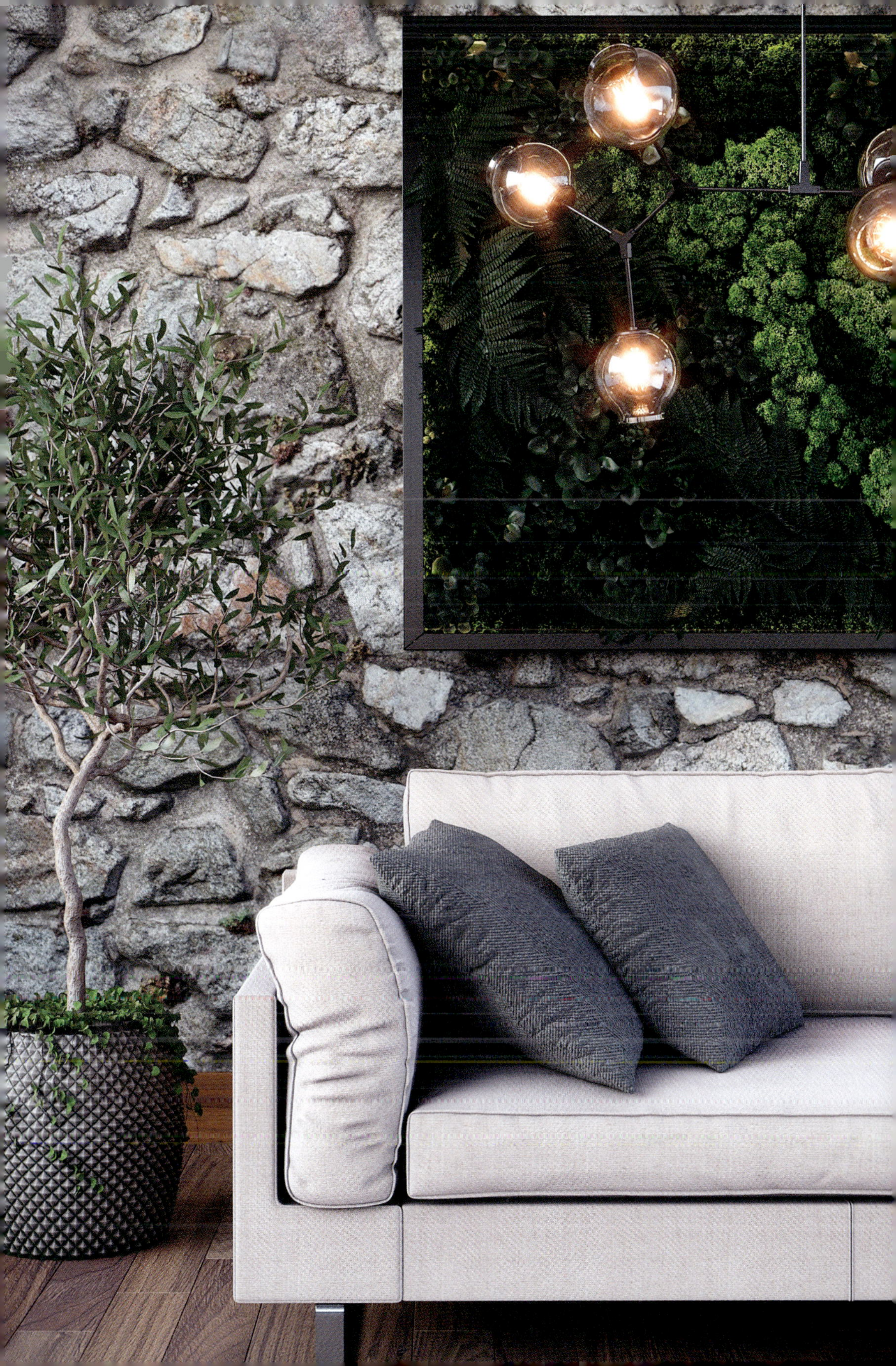

# Wissenswertes über Moos

Moose sind spannende Gewächse, über die es viel zu erfahren gibt. Diese grünen Pflanzen wachsen auf dem Land, obwohl sie sich vor ca. 400 Millionen Jahren aus Grünalgen entwickelt haben sollen. Da Moos keine stabilisierenden Bauteile wie zum Beispiel Gras besitzt, wächst es flach wie ein Teppich. Du findest es auf schattigen oder halbschattigen Waldböden, an und unter Bäumen sowie auf Steinen, die sich unweit von Gewässern befinden. Vielleicht hast du auch schon Moosbildung an Hauswänden, zwischen Gehwegplatten oder Terrassenfliesen beobachtet. Weltweit gedeiht Moos auch in Hochmooren, in der Tundra und bestimmten Polargebieten sowie stellenweise in Wüsten.

Rund 16.000 Arten Moos sind bekannt. Es gibt sogar eine eigene Wissenschaft, die sich mit Moosen beschäftigt: die Bryologie, abgeleitet von dem griechischen Wort »bryon« für Moos und Seemoos. Drei klassische Sippen mit eigenen Abstammungslinien werden unterschieden: Hornmoose, Leber- und Laubmoose.

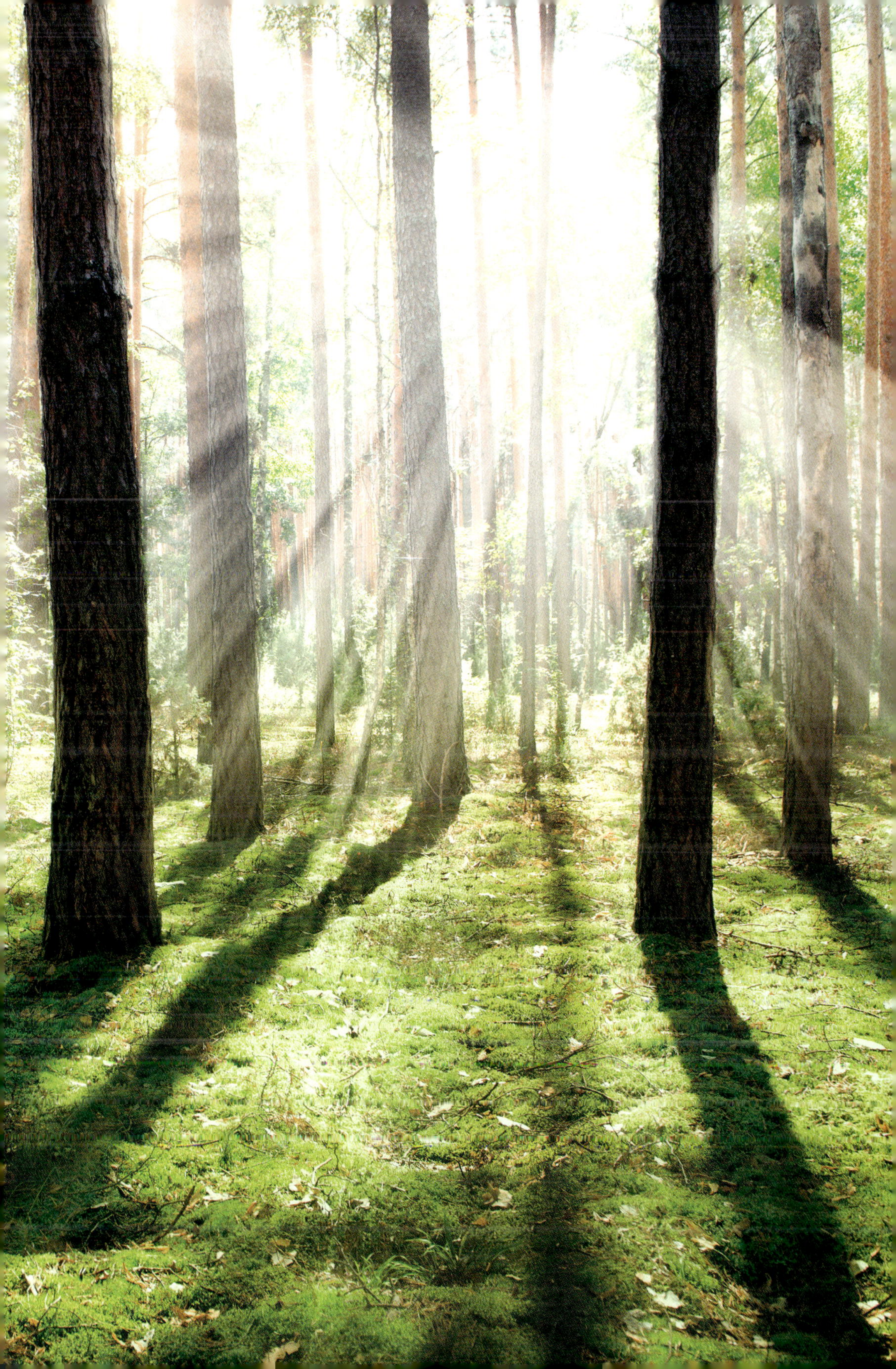

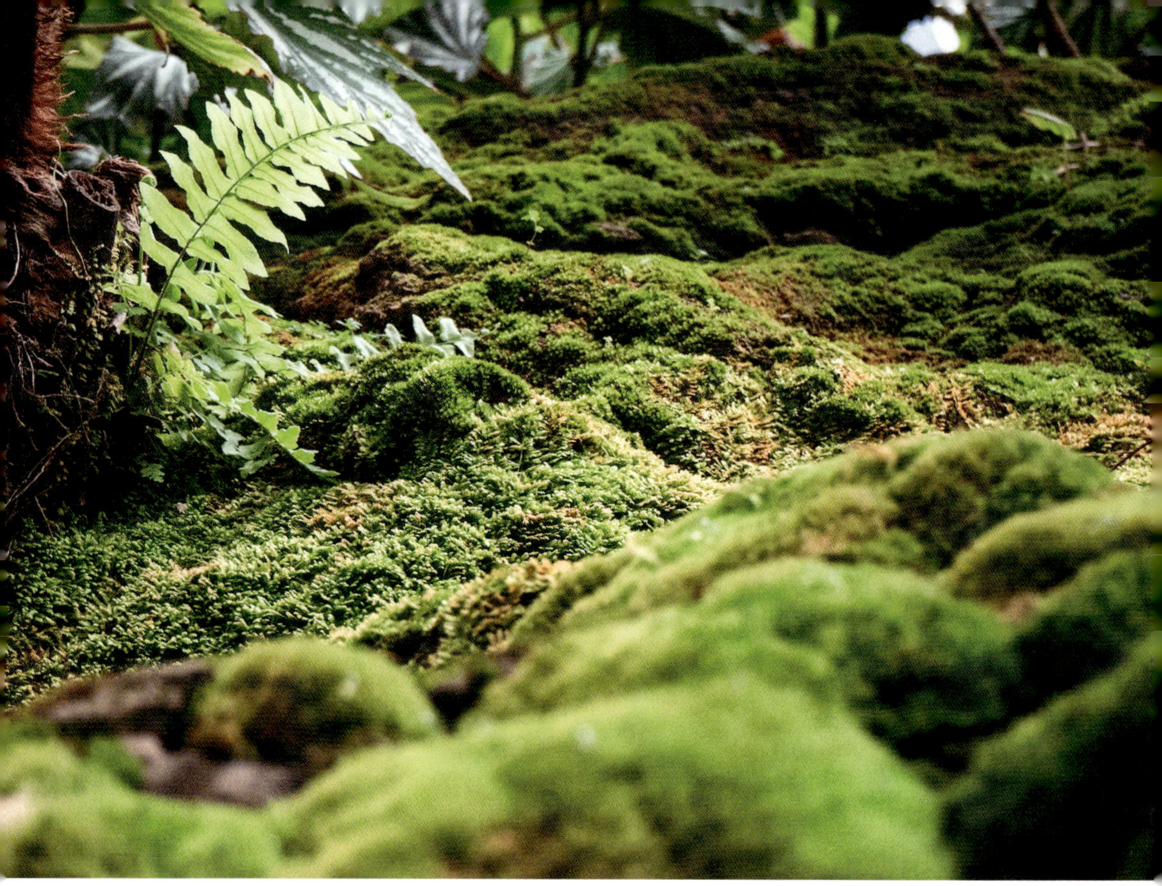

## DIE MOOSERNTE

Es ist nicht erlaubt, Moos in beliebigen Mengen aus dem Wald abzutransportieren. Hierzulande gilt vielmehr die sogenannte Handstraußregel. Sie besagt, dass du nur geringe Mengen für deinen Privatgebrauch einsammeln darfst. Gänzlich davon ausgenommen sind unter Naturschutz stehende Pflanzen wie Torf- und Hainmoos oder Weißmoosarten. Moos stellt einen wichtigen Bestandteil im Waldökosystem dar. Besonders in Nadelwäldern breitet sich Moos aufgrund des sauren Bodenmilieus sehr gerne großflächig aus.

Das Moos zum Gestalten sollte möglichst sauber sein. Es lässt sich meistens mühelos von der Erde abheben, du brauchst dafür nicht einmal ein Messer. Erdbrocken und Insekten schüttelst du einfach ab. Das beliebte Polster-Kissenmoos wächst auf kalkhaltigem Gestein, beispielsweise auf Felsen, Mauern und Dächern, aber nicht auf dem Boden. Meistens ist es leicht zu pflücken. Kugelmoos, das sehr gut für Moosbilder und deren Wohlfühlklima zu verwenden ist, wird im Mischwald unter Laub- und Nadelbäumen geerntet.

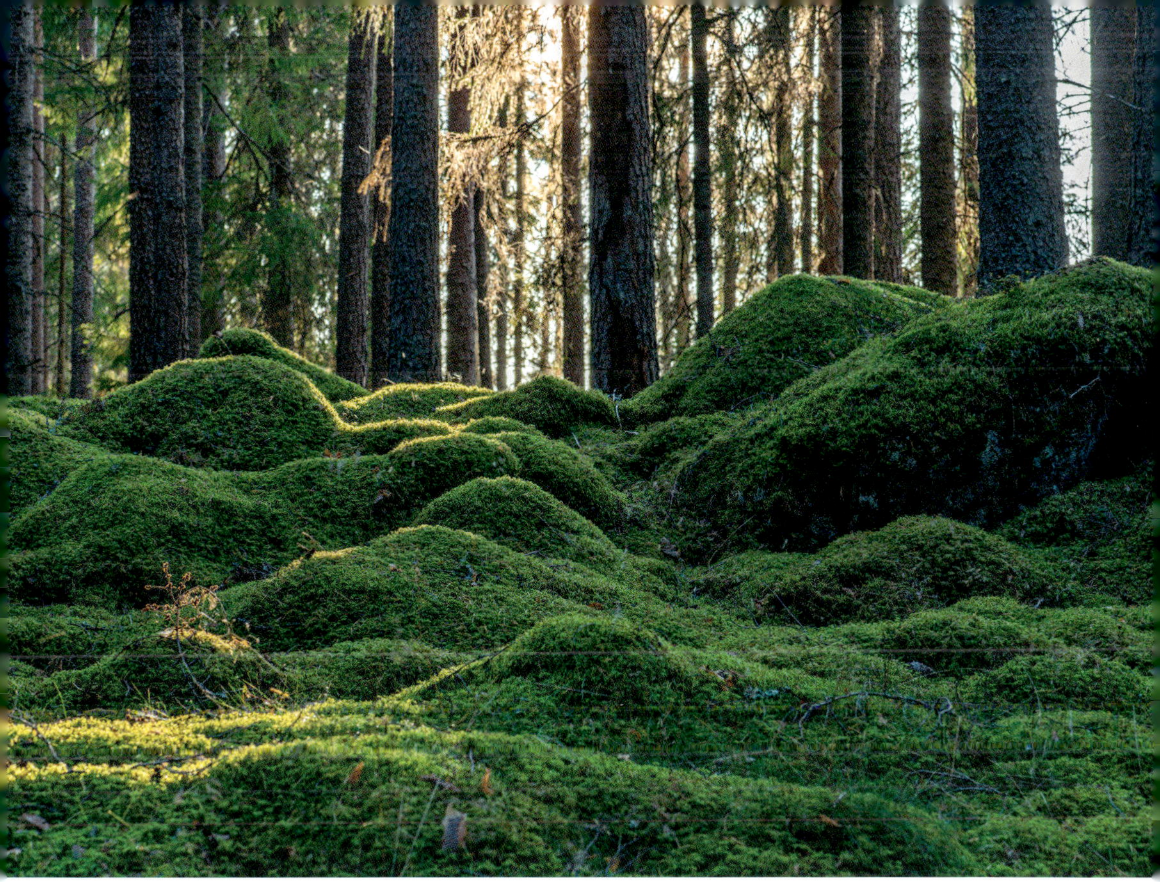

Natürliches, unstabilisiertes Moos wird deine Bilder zu einer vergänglichen Kunst machen. Wenn du lange Freude an deinen Moosbildern haben möchtest, empfehle ich dir konserviertes Moos zu verwenden. Für die Gestaltung deiner eigenen Moosbilder ist es ratsam, das Moos aus dem Fachhandel zu beziehen. Moosbilder aus konserviertem Moos haben noch mehr Vorteile; welche das sind, erfährst du im Kapitel zur Konservierung. Bastelmoos aus dem Fachhandel wird aus speziellen Waldgebieten oder Mooszuchten geerntet. Diese hochwertigen Moose werden nachhaltig angebaut, gehegt und gepflegt. Wenn sie sich besonders schön entwickelt haben, erfolgt die Ernte.

# Moose und mehr zum kreativen Gestalten

Moos ist ein äußerst vielseitiger Werkstoff. Drei der am häufigsten verwendeten Moosarten möchte ich dir vorstellen:

### KUGEL- UND BOLLENMOOS, DAS NATÜRLICHE

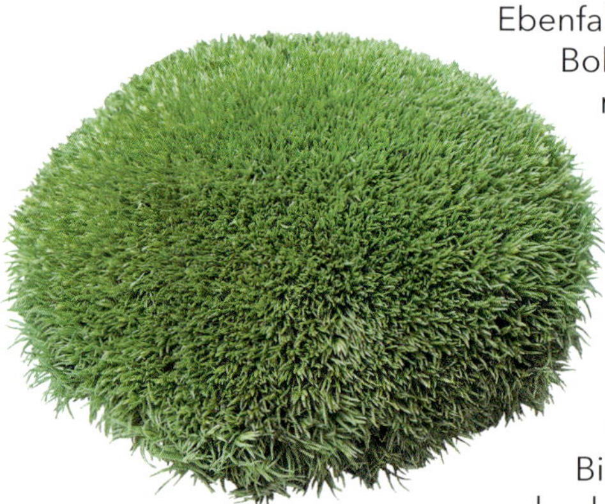

Ebenfalls leicht zu verarbeiten ist Kugel- oder Bollenmoos. Es verfügt über eine angenehme Haptik und wirkt lebendig und natürlich. Käuflich zu erwerben sind echtes Kugelmoos oder künstliche Moossteine. Kugel- oder Bollenmoos kann gut mit Plattenmoos kombiniert werden, um eine zeitlos schöne Wanddekoration zu erzielen. Gerne wird das Kugelmoos zum Setzen von Akzenten verwendet. Es können auch ganze Bilder mit Kugelmoos gestaltet werden; durch den meist kleineren Durchmesser der Bollen solltest du ein solches Bild aber nicht zu groß anlegen: Das Zusammenfügen von vielen kleinen Bollen kann schnell zur Sisyphusarbeit werden.

### PLATTENMOOS, DAS TEPPICHARTIGE

Zum kreativen Basteln ist das vielseitige Plattenmoos sehr geeignet, das du im Handel kaufen kannst. In getrocknetem Zustand ähnelt es stark dem in der freien Natur wachsenden Moos. Dieses getrocknete und konservierte Flachmoos benötigt keine Pflege und dient ausschließlich dekorativen Zwecken. Du kannst Plattenmoos in kleinen Mengen oder kistenweise kaufen, um deine individuellen Einfälle umzusetzen. Durch seinen teppichartigen Wuchs eignet es sich hervorragend, um größere Flächen zu bedecken.

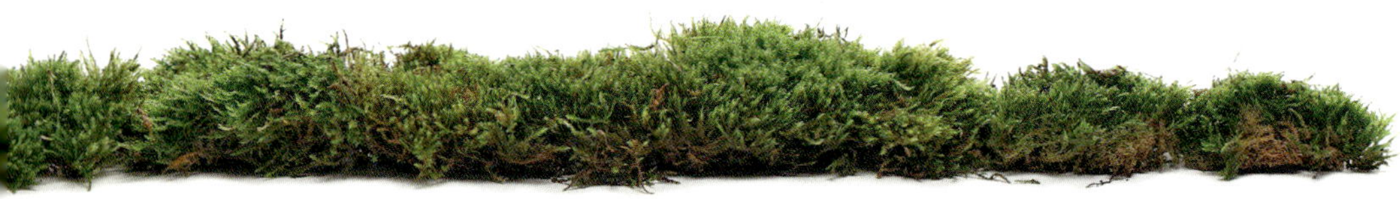

## ISLANDMOOS, DAS ANSPRUCHSVOLLE

Sorgfalt und Geschicklichkeit erfordert der Umgang mit Islandmoos. Dabei handelt es sich eigentlich um eine bis zu 12 cm hohe Strauchflechte, die in Polstern wächst. Das braungrüne und weißgrüne Island- oder Rentiermoos stammt aus Laub- und Nadelwäldern und aus der Tundra. Als Bastelmoos kannst du es in verschiedenen Farben wie Natur, Lindgrün oder Orange erwerben. Gefärbtes Islandmoos beziehst du in kleinen Beuteln.

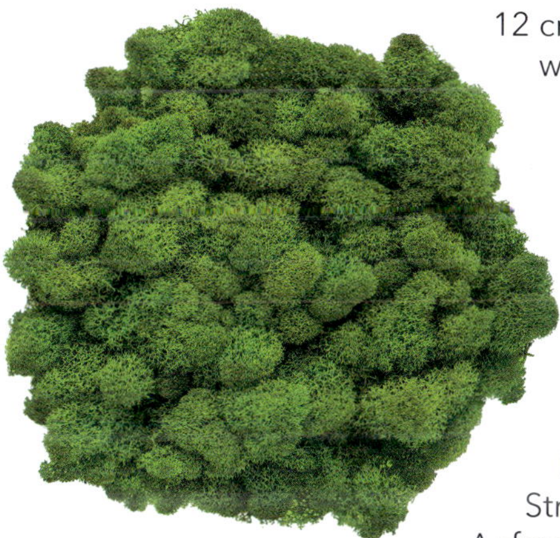

Du solltest es vor allem für besondere Highlights einsetzen. Durch seine feinen Strukturen ist beim Verarbeiten besondere Aufmerksamkeit geboten. Da das Islandmoos in kleinen Büscheln geliefert wird, musst du beim Ankleben darauf achten, dass die Büschel nicht platt gedrückt werden und das Moos sein natürliches Erscheinungsbild behält.

Die feinen Strukturen dieser Flechte binden Feinstaub und verbessern spürbar das Raumklima.

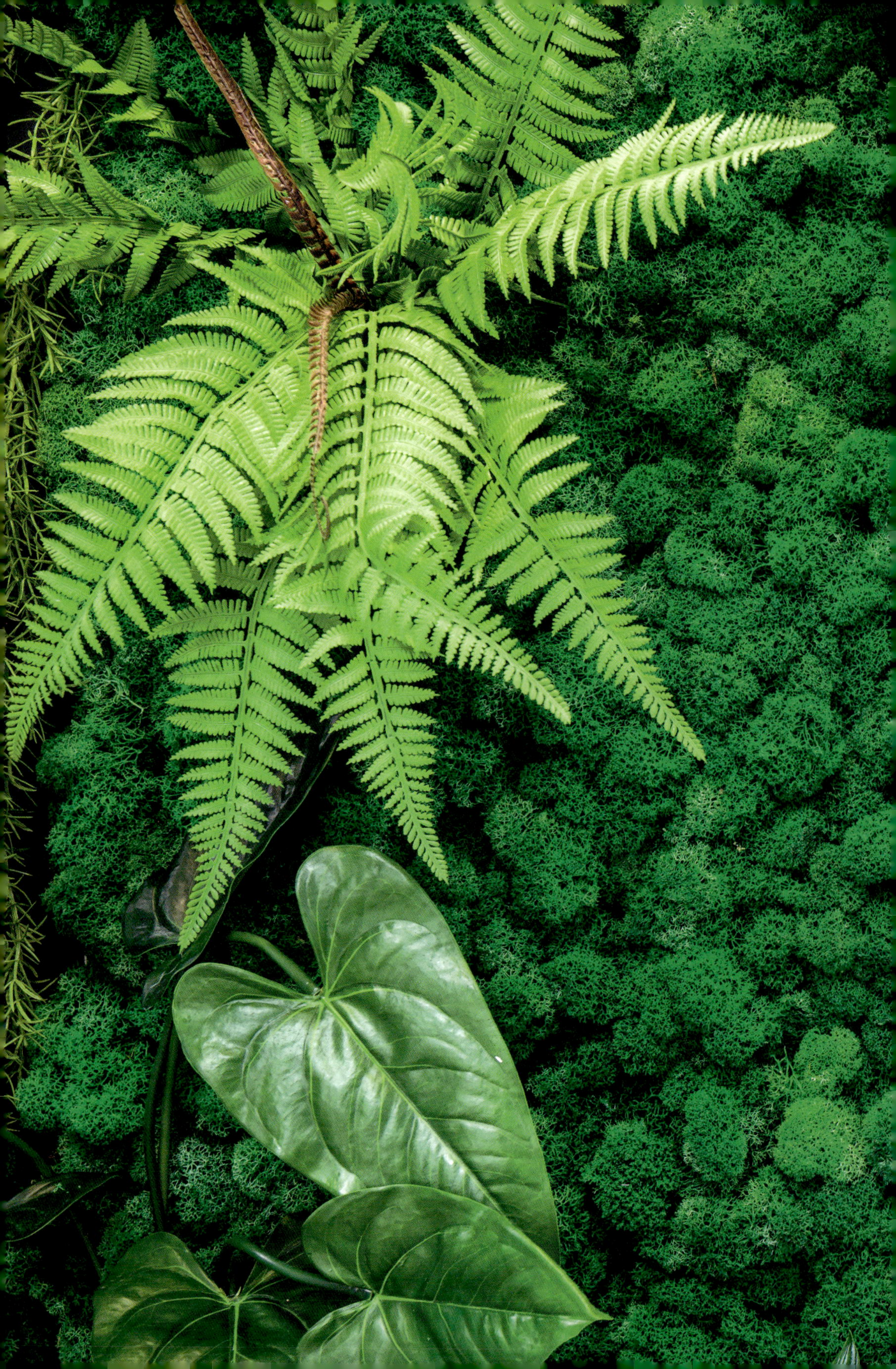

Damit dein DIY-Moosbild möglichst viel Abwechslung fürs Auge bietet, kannst du weitere Pflanzen einsetzen, etwa Efeu, Farn oder Kräuter wie zum Beispiel Rosmarin. Sukkulenten, Buntnessel, Einblatt, Flamingoblume oder die (Goldene) Efeutute sind weitere Optionen für eine fantasievolle Gestaltung deines Moosbildes. Auch hier gilt wie beim Moos: Am besten verwendest du ausschließlich konservierte Pflanzen für deine Bilder, denn Bilder aus lebenden Pflanzen erfordern viel Pflege und einen außergewöhnlich robusten Rahmen, der die Bewässerung aushält. Eine Ausnahme bilden die genügsamen Tillandsien oder Bromelien, die als lebende Dekoration lediglich mit feinem Wassernebel besprüht werden müssen. Ein Beispiel hierzu findest du in der Projektbeschreibung auf Seite 66.

Möchtest du ganze Mooswände mit pflanzlichen Elementen kreieren, die deinen Raum mit Dschungelimpressionen erfüllen? Dabei sind dir möglicherweise die Blätter der Zimmeraralie mit ihrer glänzenden Ober- und matten Unterseite nützlich. Manche DIY-Fans verwenden zusätzlich Holz in Form von Baumscheiben oder Treibholz, um Extra-Akzente in ihren Kreationen zu setzen und die Natürlichkeit zu unterstützen. Dazu ein Beispiel auf Seite 40.

## Konservieren und Färben von Moos

Wenn du Moos selbst sammelst, solltest du bedenken: Lebendes Moos empfiehlt sich nicht als Werkstoff für dein DIY-Projekt, denn es muss aufwendig gepflegt werden und verändert sich mit der Zeit optisch. Ein erster Schritt, um Moos haltbar zu machen, besteht darin, es zu trocknen. Hierzu breitest du das gereinigte Moos auf einem Handtuch aus und lässt es an einem dunklen und luftigen Ort einige Tage lang trocknen. Selbst getrocknetes Moos büßt allerdings nach und nach seine frische grüne Farbe ein. Daher konservierst du am besten das Material, das auf einem Bild oder anderen Objekten Verwendung finden soll. Dann braucht das Moos später so gut wie keine Pflege, schimmelt nicht und überträgt keine Feuchtigkeit auf die Wand. Da konserviertes Moos keine Lichtquelle benötigt, kann das Moosbild überall aufgehängt werden, selbst in Nischen und Räumen mit kleinen Fenstern. Gegen Licht von außen ist ein Moosbild aus konserviertem Moos ebenso unempfindlich wie gegen starke Innenbeleuchtung.

Wenn du dir zutraust, die Konservierung selbst durchzuführen, habe ich ein paar Tipps für dich: Zum Konservieren benötigst du Glycerin und denaturierten Alkohol aus der Apotheke. Die Menge, die du benötigst, hängt sowohl von der Form des Mooses ab als auch vom Gefäß, in dem du es konservieren möchtest. Das Moos muss vollkommen von dem Gemisch bedeckt werden. Glycerin hält das Moos lange Zeit geschmeidig und sorgt dafür, dass es nicht austrocknet. Fülle zwei Teile Glycerin in eine große Schüssel und gieße einen Teil Alkohol hinzu. In dieser Mischung lässt du das Moos etwa zehn bis fünfzehn Minuten ziehen. Dann klopfst du die Flüssigkeit ab und legst das Moos auf Küchenkrepp. Es dauert nur wenige Tage, bis das Moos durchgetrocknet ist und weiterverwendet werden kann.

Islandmoos wird vielfach für Landschaften beim Modellbau verwendet. Es ist in vielen Farben zu haben. Doch diese fallen teilweise greller aus als erwünscht, sodass du es vielleicht nach eigenem Geschmack einfärben möchtest. Dazu brauchst du Glycerin aus der Apotheke und Wasserfarbe. Verwende Wasserfarbe und Glycerin in einem Verhältnis von 8:1. Mit der Zeit wirst du lernen, welche Farbmischung zu den von dir gewünschten Farbnuancen führt. Grün in all seinen Facetten bleibt idealerweise die Grundfarbe von Moosbildern. Es ist die in der Natur am häufigsten vorkommende Farbe, ein Symbol für den Frühling und die Hoffnung. Insofern geht eine sowohl aufmunternde als auch besänftigende Wirkung von Moosbildern aus.

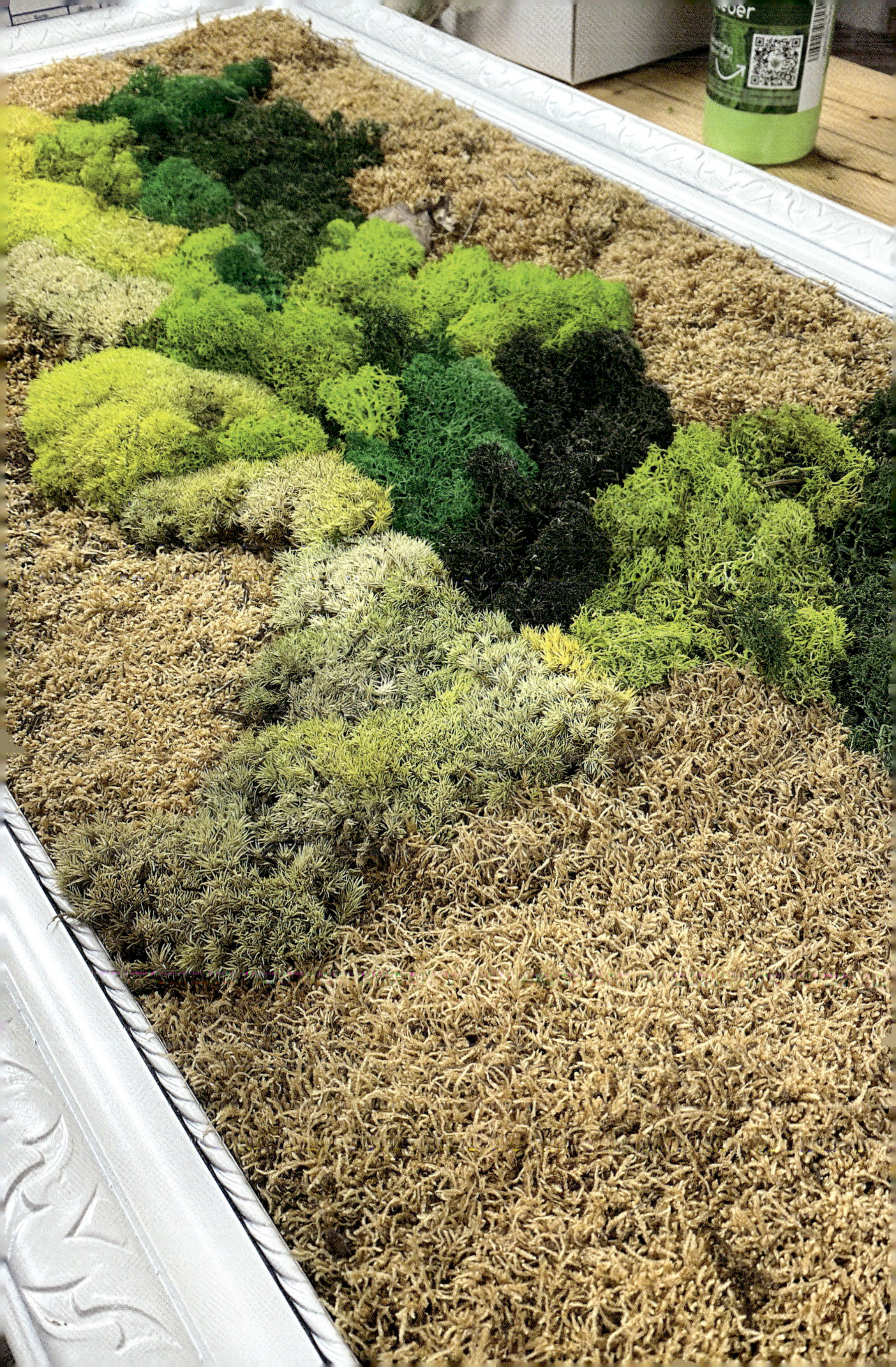

# Moosbilder richtig pflegen

Wenn du mit konserviertem Moos arbeitest, erfordert dein Moosbild keine regelmäßige Pflege. Du musst es weder gießen noch dem Licht aussetzen. Die Pflanzen brauchen nicht nachgeschnitten oder gedüngt zu werden. Eigentlich sind Moosbilder gänzlich pflegefrei und stellen auch in großen Formaten keine Herausforderung dar. Solange sie im Innenbereich vor langer Sonneneinstrahlung und vor Wasser geschützt bleiben, sind sie nahezu unverwüstlich. Die Luftfeuchtigkeit im Raum hindert sie am Austrocknen. Dank ihrer antistatischen Beschaffenheit lagert sich auf Mooswänden und -bildern kein Staub ab. Anfangs wahrnehmbarer typischer Moosgeruch verfliegt bereits nach wenigen Wochen.

Moosbilder aus lebenden Pflanzen sind dagegen sehr anspruchsvoll in der Pflege. Denn sämtliche Moosarten benötigen eine Menge Feuchtigkeit. Diese nehmen sie nicht über ihre Wurzeln auf, sondern aus der Luft. Weiches Regenwasser schmeckt dem Moos am besten, hartes Leitungswasser dagegen nicht. Am besten gedeiht lebendes Moos in Moosbildern, wenn du es mit Regenwasser besprühst oder benebelst.

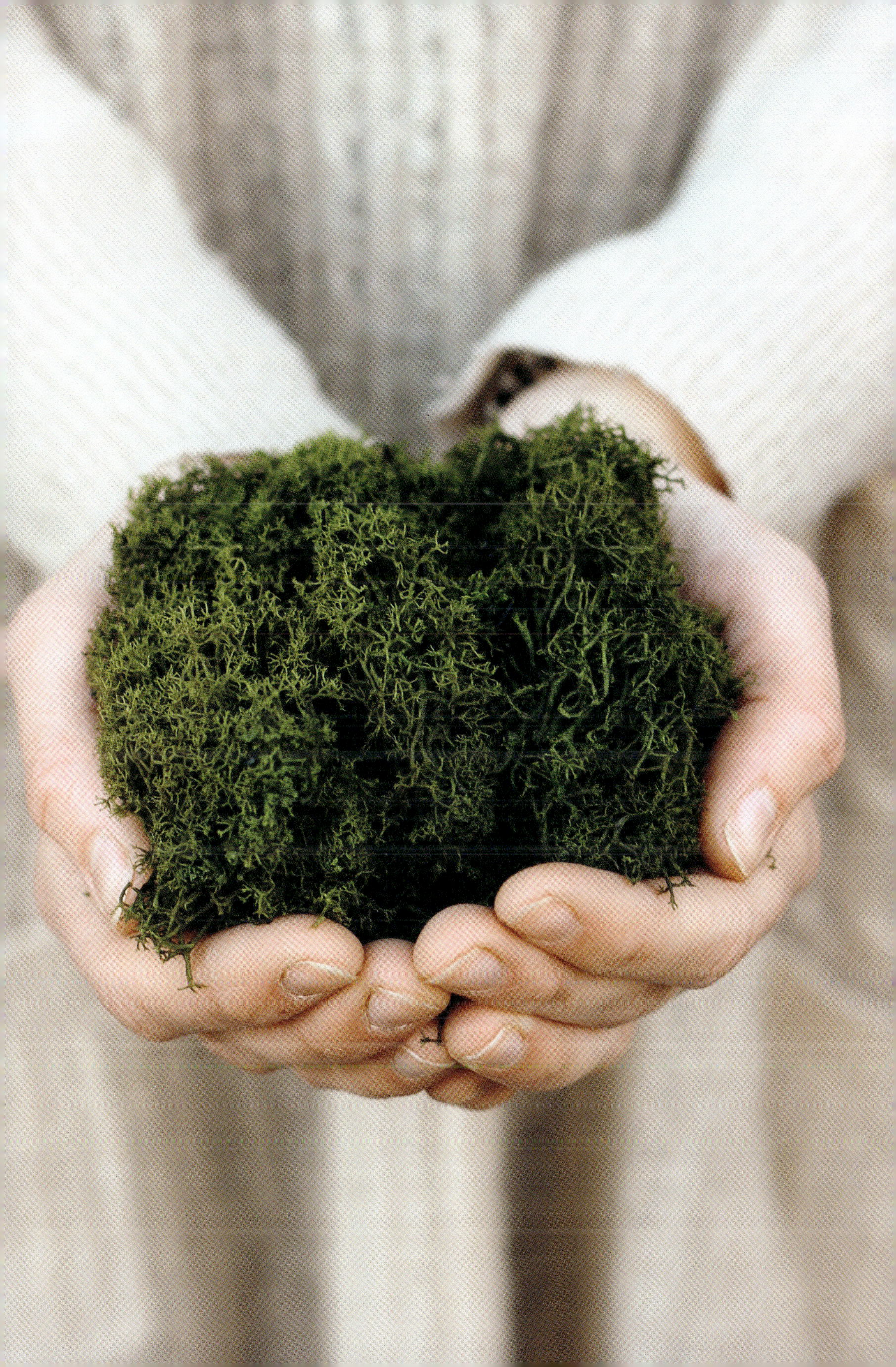

# Materialien und Werkzeuge zum Gestalten von Moosbildern

Um einen natürlichen Blickfang aus Moos in Eigenregie herzustellen, brauchst du eine Reihe von Hilfsmitteln. Da wäre zunächst das konservierte Moos, das du bei verschiedenen Anbietern kaufen oder bestellen kannst. Bei der Auswahl des Mooses spielen folgende Überlegungen eine Rolle: Willst du mit den feinen Büscheln aus farbkonstantem Islandmoos ans Werk gehen? Islandmoos und Kugelmoos verleihen deinem DIY-Projekt optische Tiefe. Plattenmoos eignet sich besonders gut, um Flächen zu füllen. Um ein möglichst harmonisches Ergebnis zu erzielen, überlege dir vorher, welche Formen und Farben auf deinem Bild zu sehen sein sollen.

Falls du mit selbst geerntetem Moos arbeiten möchtest, sollte es konserviert und gegebenenfalls gefärbt sein. Eventuell legst du weitere ausgesuchte Pflanzen bereit, die dein Moosbild auflockern.

Für die anspruchsvolle Bastelarbeit brauchst du außerdem eine scharfe Schere, ein großes Messer, einen gezahnten Spachtel oder einen Pinsel und etwas Flaches zum Andrücken. Als Klebstoff bietet sich spezieller Mooskleber an; ich verwende hauptsächlich den Kleber von moosdesgin für meine Bilder. Als Alternative kannst du für die ersten Versuche auch etwas dicker angesetzten Tapetenkleister verwenden; für einfache, kleinere Bilder ist das ausreichend.

Außerdem sollte ein Bilderrahmen in der gewünschten Größe, eine entsprechend bemessene Leinwand oder ein tiefer Objektrahmen als Träger für das Moos zur Hand sein. Wenn du öfter Moosbilder kreierst, um diese beispielsweise zu verschenken, greifst du vielleicht zu einem DIY-Set, das sämtliche notwendigen Materialien beinhaltet. In den beschriebenen Projekten findest du auch drei Beispiele, die mit einem solchen Set umgesetzt wurden.

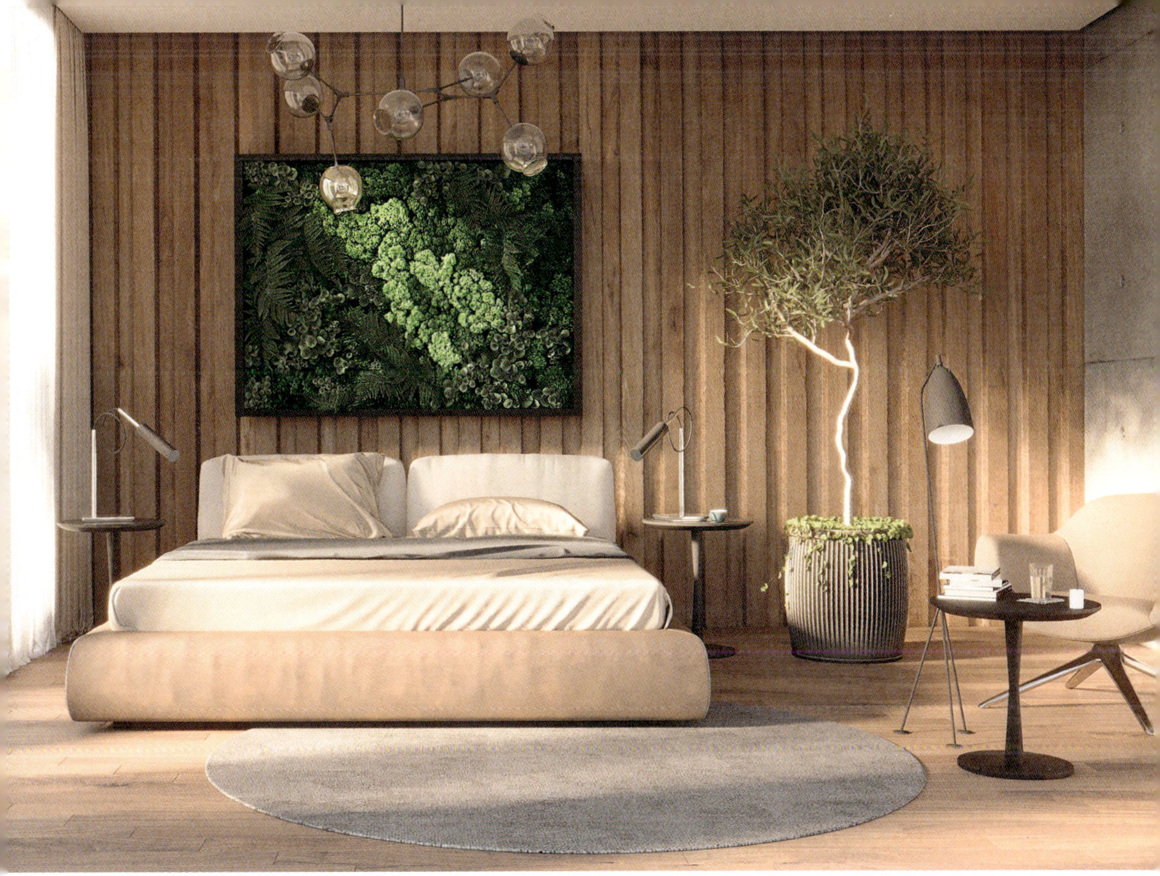

Wichtig ist auch, dass du ausreichend Platz zum Basteln hast. An deinem Arbeitsplatz sollte alles leicht zu erreichen sein. Der Platz muss ausreichen, um das Bild (Rahmen, Leinwand etc.) und das gesamte Moos leicht nebeneinanderlegen zu können. Also sollte dein Basteltisch mindestens doppelt so groß sein wie das Bild selbst.

Und jetzt wird es spannend: Du hast alle Vorkehrungen getroffen, damit ein großartiges Moosbild entsteht. Es wird Zeit, dass du selbst tätig wirst und ein Moosbild erschaffst, das dein Zuhause verschönert. In den folgenden Kapiteln stelle ich dir schöne Ideen zum Nachbasteln vor.

# Projekte

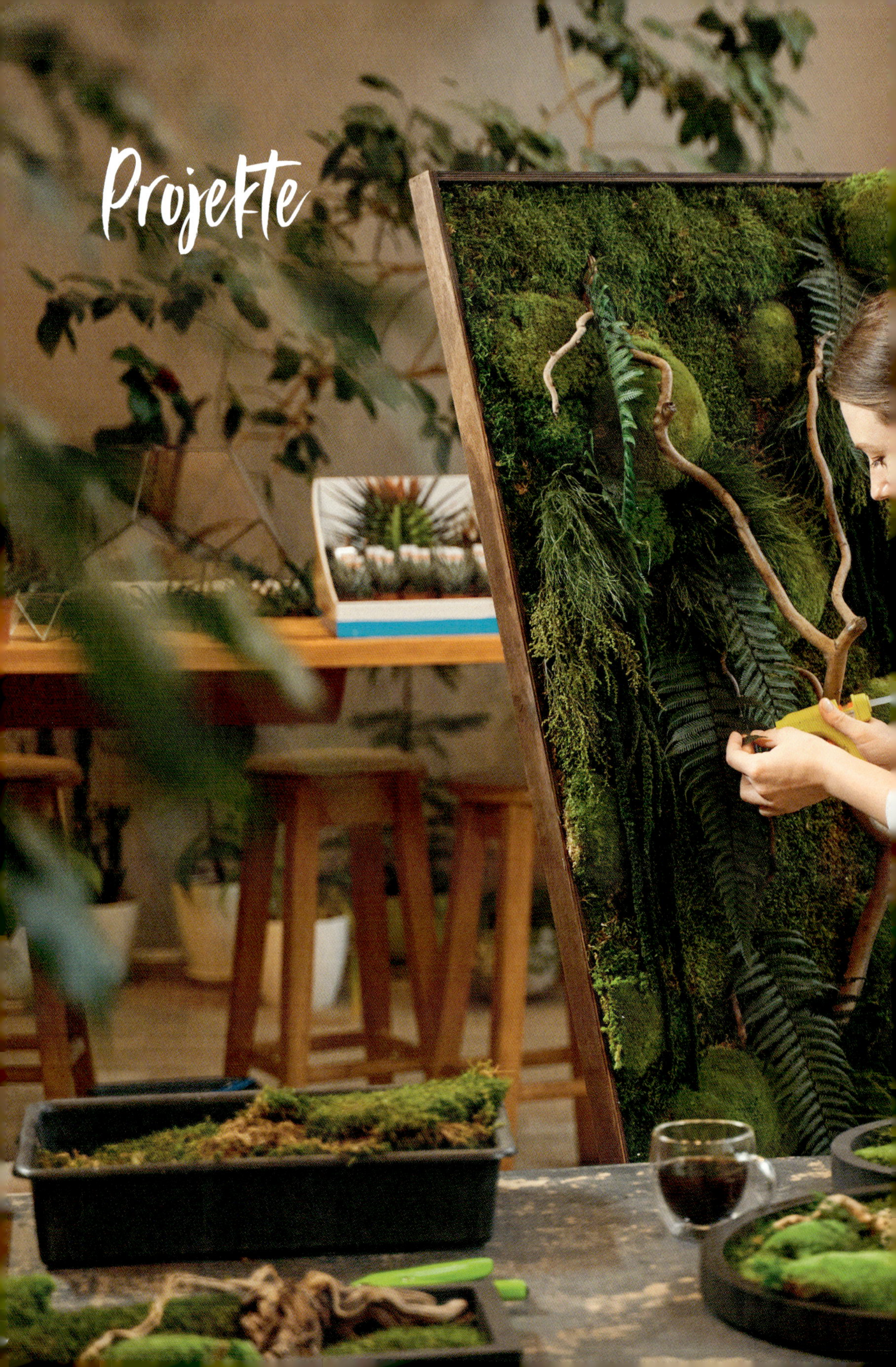

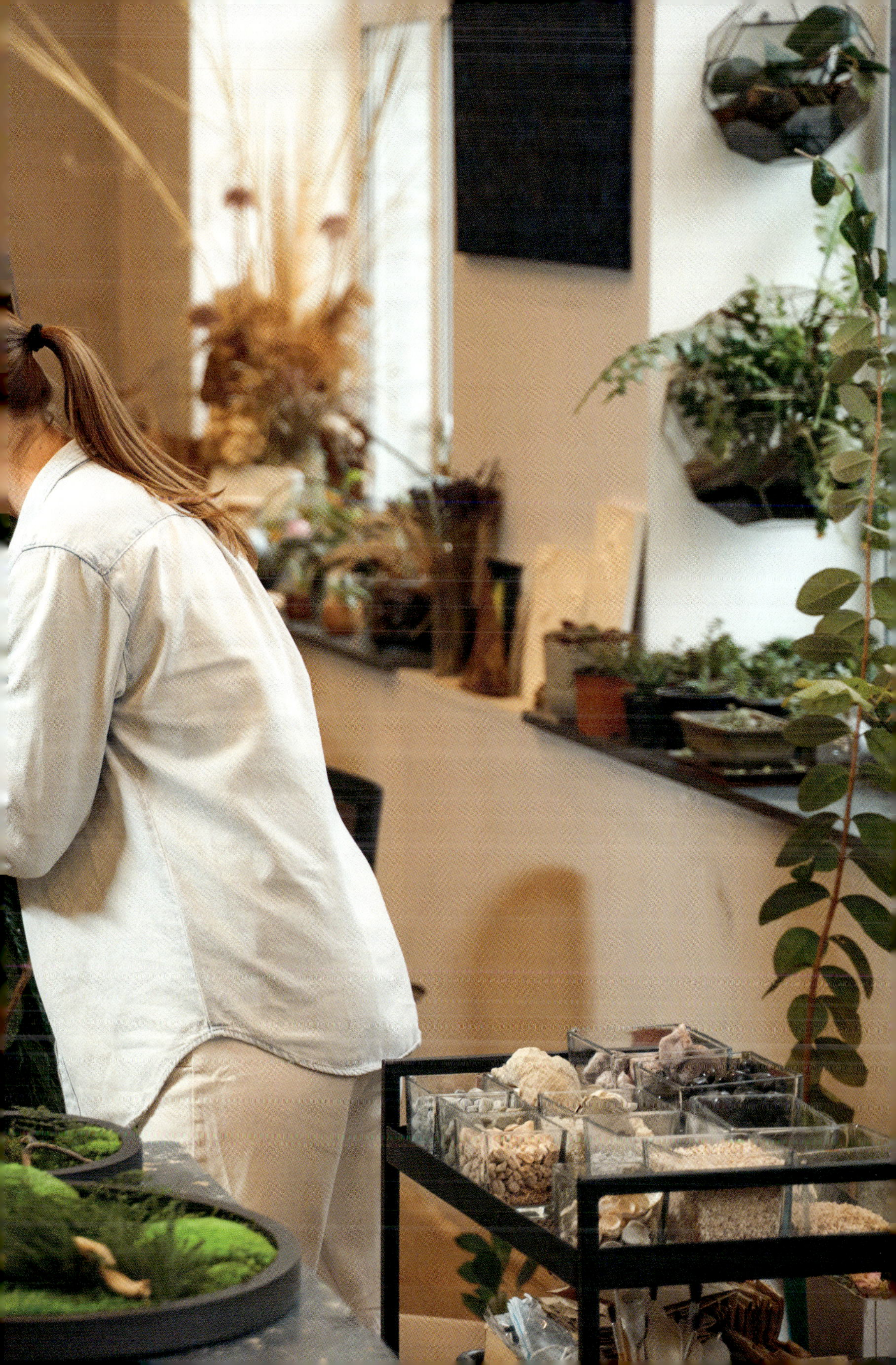

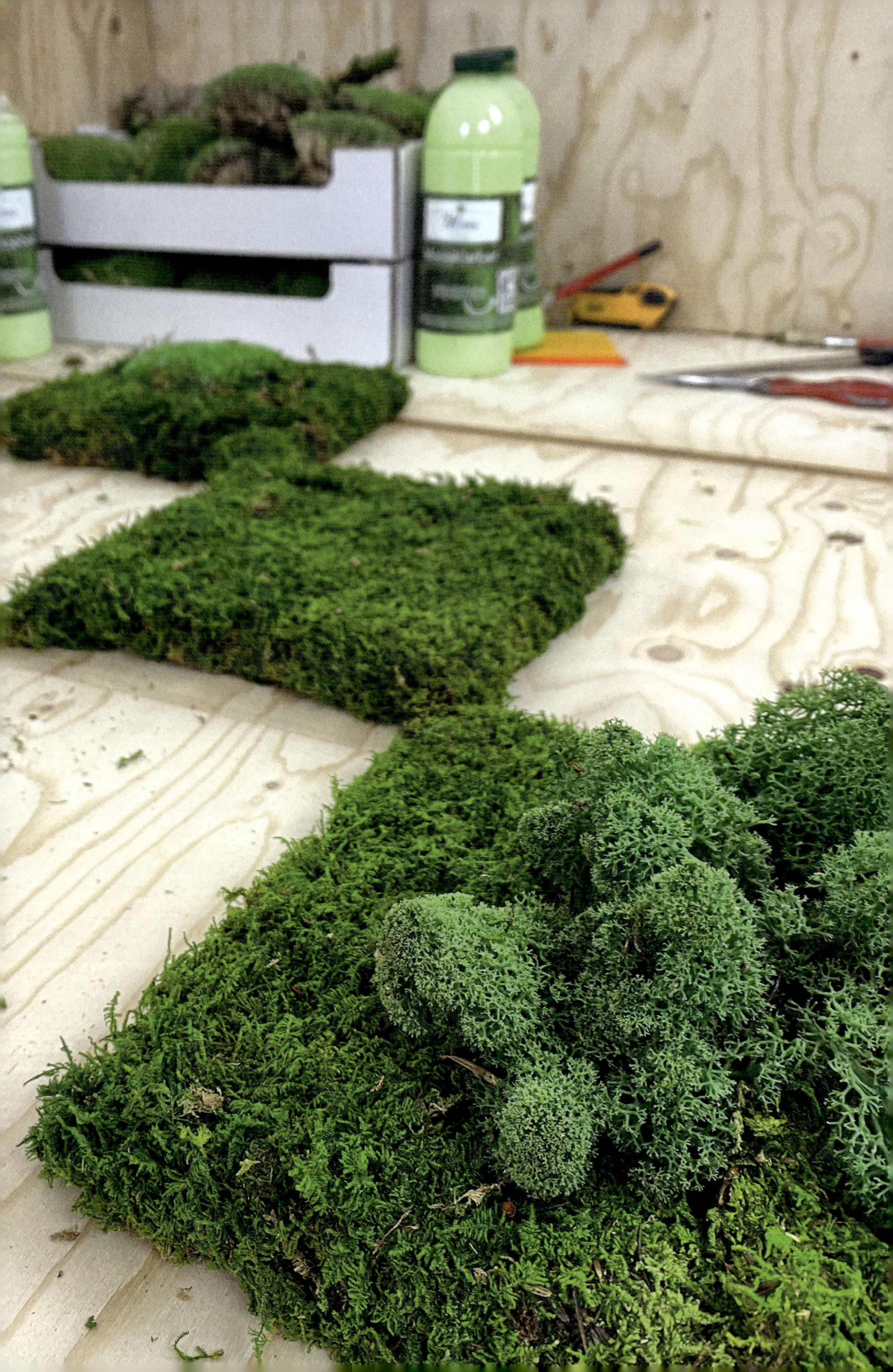

# Bilderset mit dreierlei Moos

Arbeitszeit ohne Trockenzeit: ca. 1 Stunde
Schwierigkeit: leicht

STARTEN WOLLEN WIR MIT EINEM MOOSBILD AUF LEINWAND. LEINWÄNDE GIBT ES IN VIELEN VERSCHIEDENEN FORMEN. HIER FIEL DIE ENTSCHEIDUNG AUF DREI KLEINE QUADRATE, AUF DIE DIE DREI AM MEISTEN VERWENDETEN MOOSARTEN AUFGEKLEBT WERDEN.

**MATERIAL:**

- 3 Leinwände à 20 × 20 cm
- 0,5 m² Plattenmoos
- 1 Stück Bollen-/Kugelmoos, Ø ca. 10 cm
- 1 kleiner Beutel Islandmoos, 50 g
- ca. 200 ml Kleber

**WERKZEUG:**

- Pinsel
- Schale für den Kleber
- großes Messer
- Schere

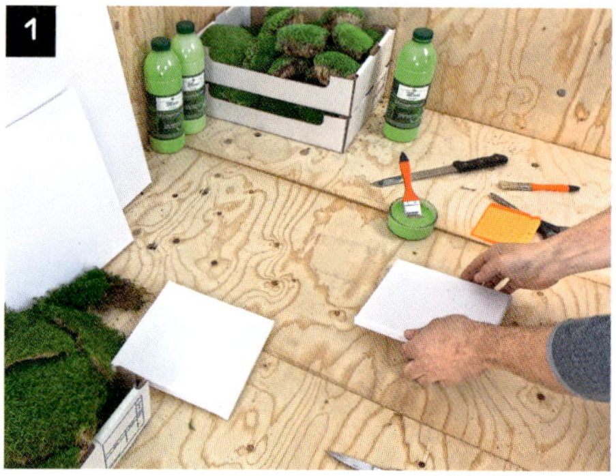

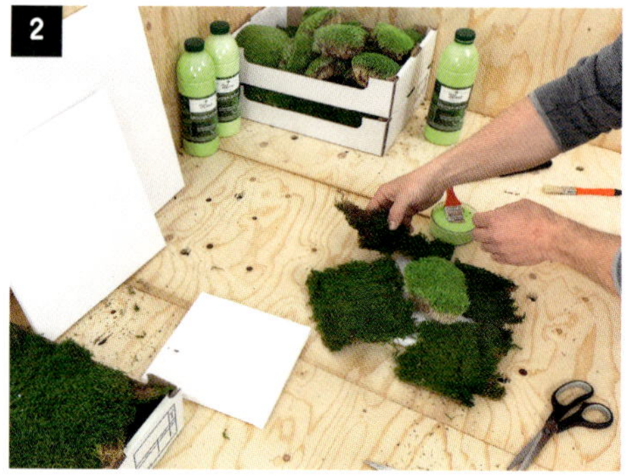

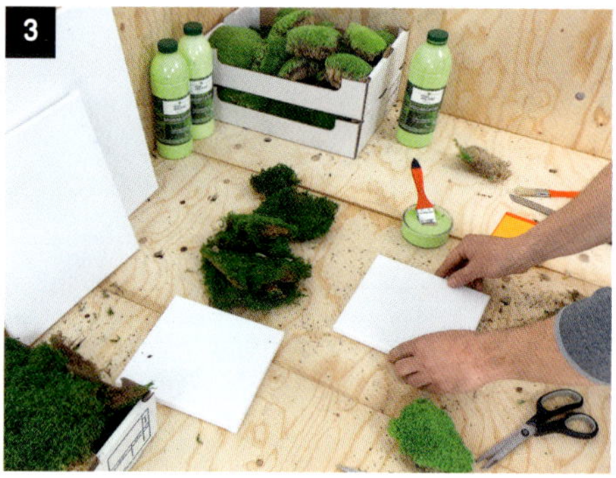

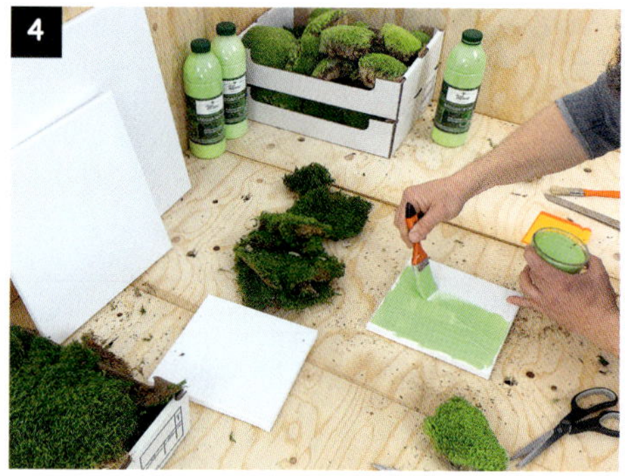


1. Lege die Leinwände so auf die Arbeitsfläche, wie du die Bilder später auch an der Wand anbringen möchtest.

2. Lege das Moos (ohne Kleber) auf die Leinwände und gestalte das Bild grob, wie du es dir vorstellst. In diesem Beispiel ist auf allen drei Leinwänden als Hintergrund Plattenmoos aufgebracht. Bei der Arbeit mit Leinwänden ist es wichtig, dass das Moos etwas über den Rand hinaussteht; das erleichtert später das Bekleben des Randes. Eine Leinwand ist komplett mit Plattenmoos bedeckt. Die zweite Leinwand wird ergänzt um einen Bollen Kugelmoos, die dritte Leinwand um einen Büschel Islandmoos. Das Bollenmoos und das Islandmoos werden mittig als Highlight auf der Leinwand platziert.

3. Wenn du das Moos auf den Leinwänden verteilt hast und es dir gefällt, kommt der nächste Schritt: Du legst das Moos so, wie es auf der Leinwand lag, auf deinem Basteltisch ab.

4. Auf der leeren Leinwand kannst du jetzt den Kleber auftragen. Entferne vorher noch die letzten Moosreste, dann wird der Kleber großzügig auf der Leinwand verteilt. Dazu verwendest du einen Pinsel.

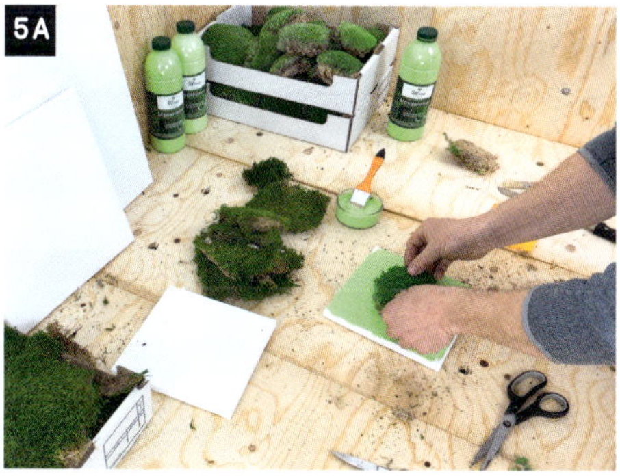

5A

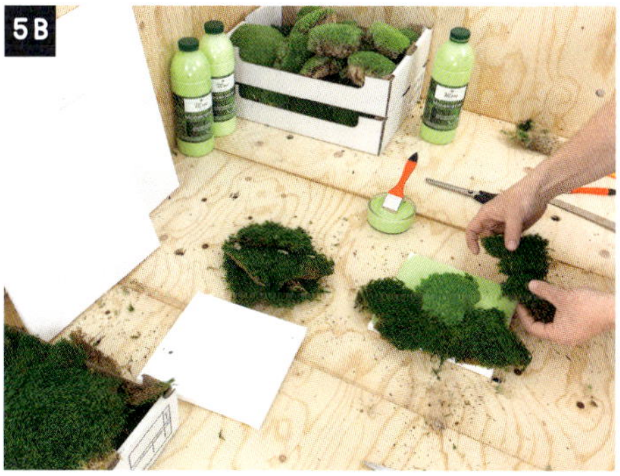

5B

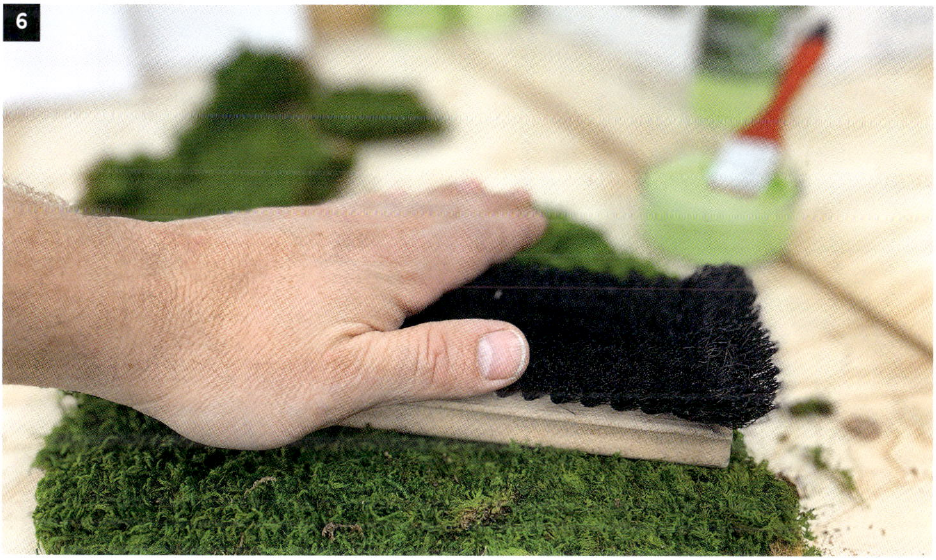

6

5. Wenn der Kleber verteilt ist, kannst du das Moos auf seine Position auf den Leinwänden anbringen. Fange zuerst mit den Highlights an. Beim Bollenmoos kann es notwendig sein, dass du die Klebefläche mit dem großen Messer etwas begradigst, so dass der Kleber eine möglichst große Fläche hat, um zu wirken. Wenn das Bollenmoos bzw. das Islandmoos an seinem Platz ist, kannst du den Rest der Leinwände mit dem Plattenmoos auffüllen. Denke daran, dass es etwas über den Rand hinausgehen sollte.

6. Nachdem du alles gut angedrückt hast und die gesamte Fläche mit Moos bedeckt ist, müssen die Bilder trocken (24 Stunden), bevor es weitergehen kann. Um ganz sicherzugehen, dass das Moos gut angeklebt wird, kannst du auch vorsichtig etwas Schweres auf das Moos legen, damit es während der gesamten Trocknungszeit angedrückt wird. Achtung: Das geht nicht bei Islandmoos.

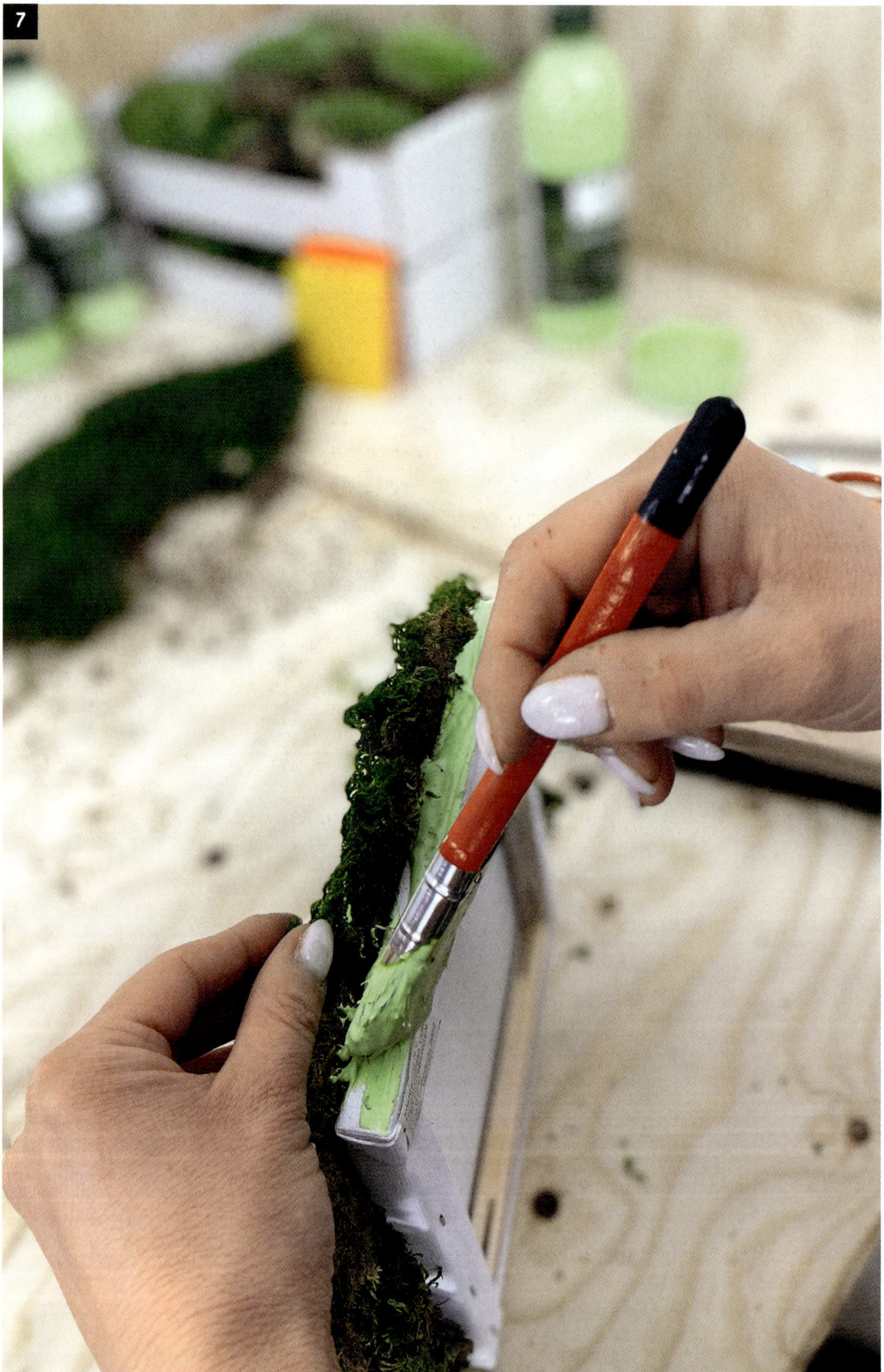
7

**8**

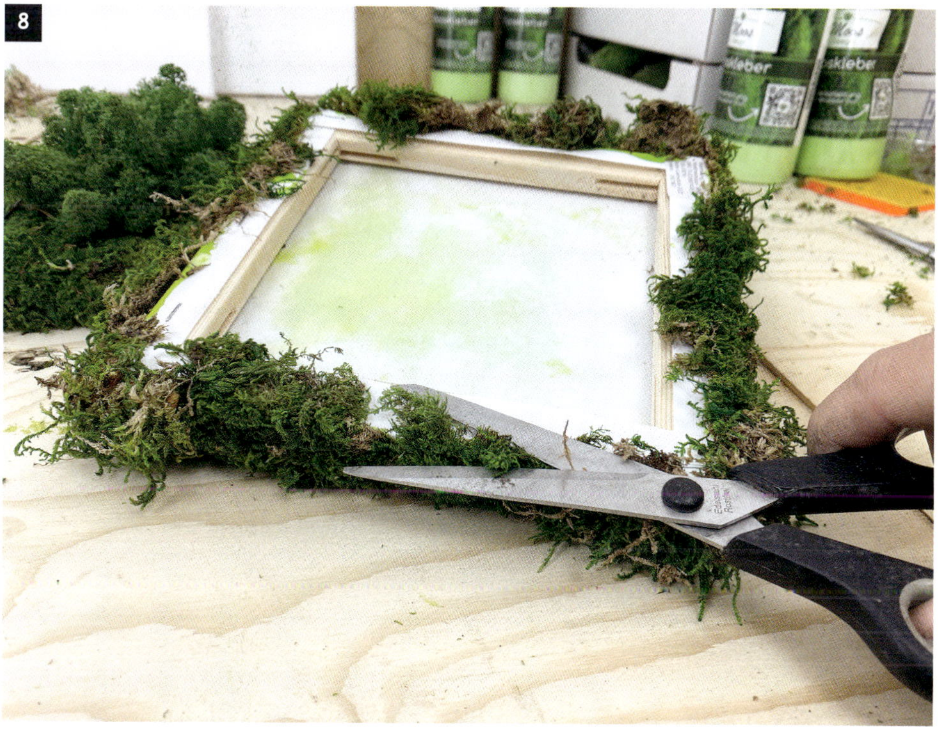

7. Nachdem die Bilder getrocknet sind, müssen noch die Ränder beklebt werden. Dazu streichst du die Ränder mit Kleber ein und drückst das überstehende Moos an den Rand an. Es ist nicht schlimm, wenn das Moos nach hinten übersteht. Auch die beklebten Ränder müssen wieder trocknen, bevor es weiter geht.

8. Zum Schluss schneidest du alles, was nach hinten über den Rand hinausgeht, mit einer Schere ab, sodass das Bild einen schönen Abschluss zur Wand hat.

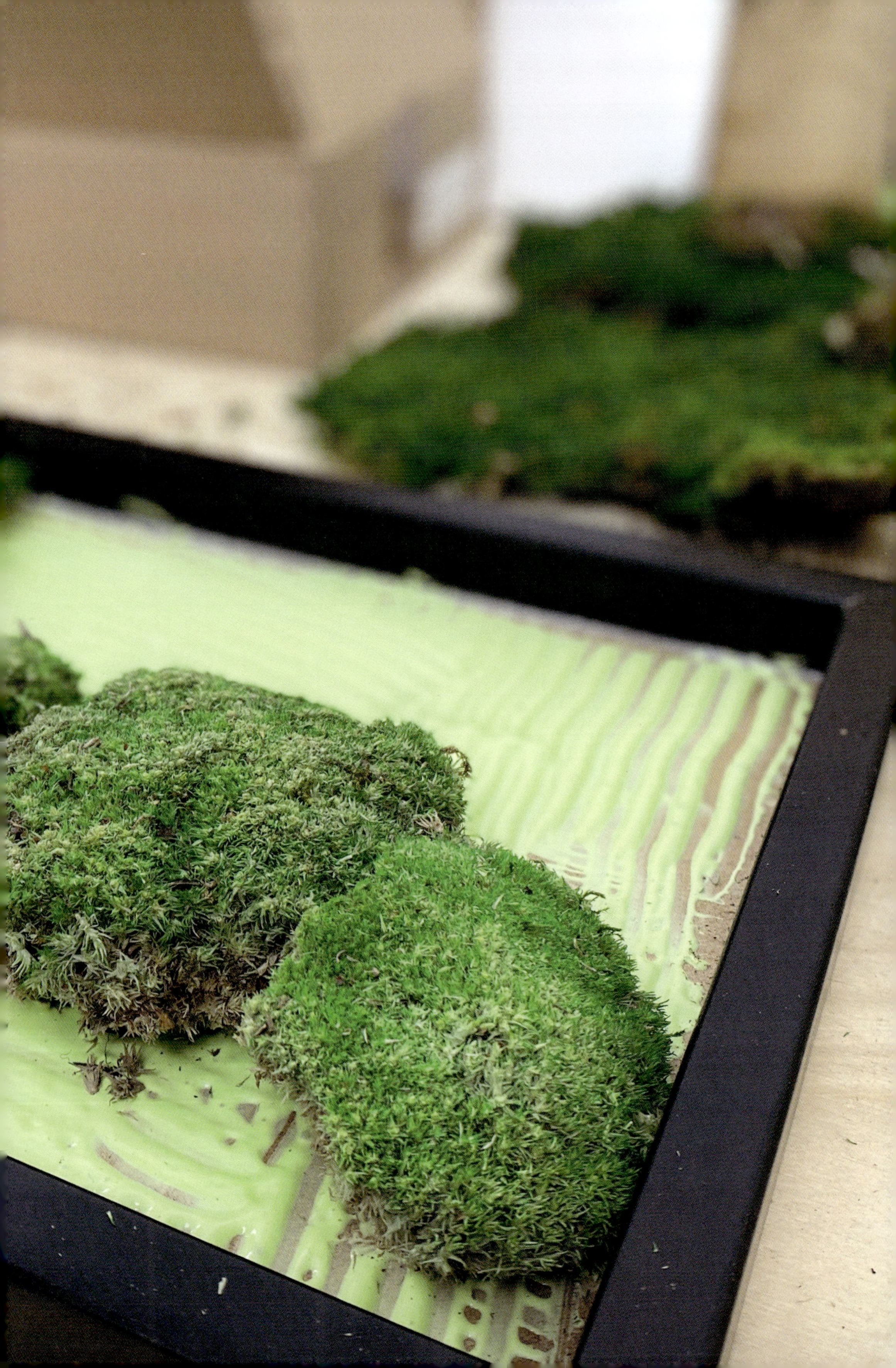

# Rechteckiges DIY-Set mit schwarzem Rahmen

Arbeitszeit ohne Trockenzeit: ca. 1,5 Stunden
Schwierigkeit: leicht

BEI DER GESTALTUNG VON MOOSBILDERN KANNST DU AUCH AUF FERTIG ZUSAMMENGESTELLTE DIY-SETS ZURÜCKGREIFEN. DER VORTEIL EINES SOLCHEN SETS IST, DASS DU DIR KEINE GEDANKEN MACHEN MUSST, WIEVIEL MOOS UND KLEBER DU FÜR DIE GRÖSSE UND FORM DES BILDES BENÖTIGST, DAS DU AUSGEWÄHLT HAST.

**MATERIAL:**

- 1 DIY-Set von moos-design.de, 60 × 30 cm, schwarz

**WERKZEUG:**

- Pinsel
- Schale für den Kleber
- Schere
- großes Messer

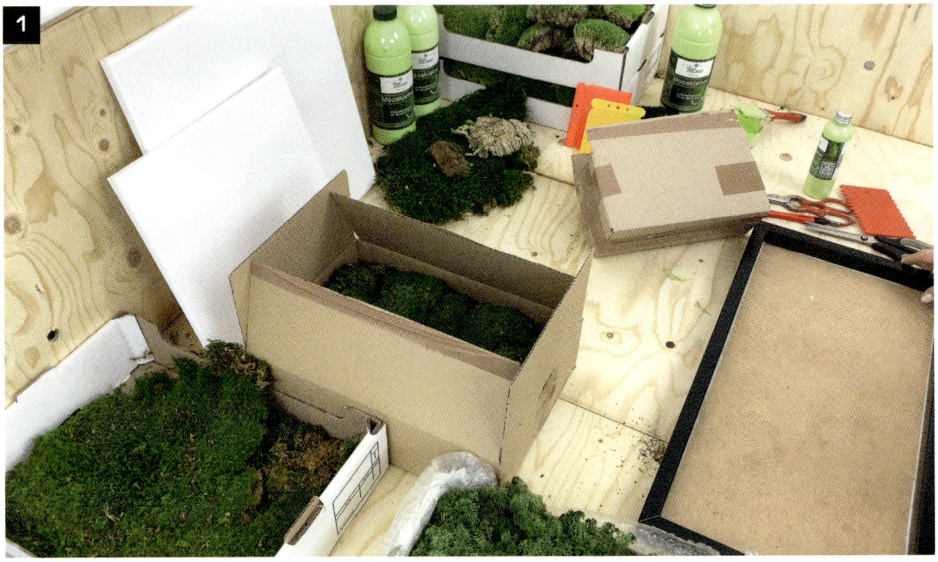


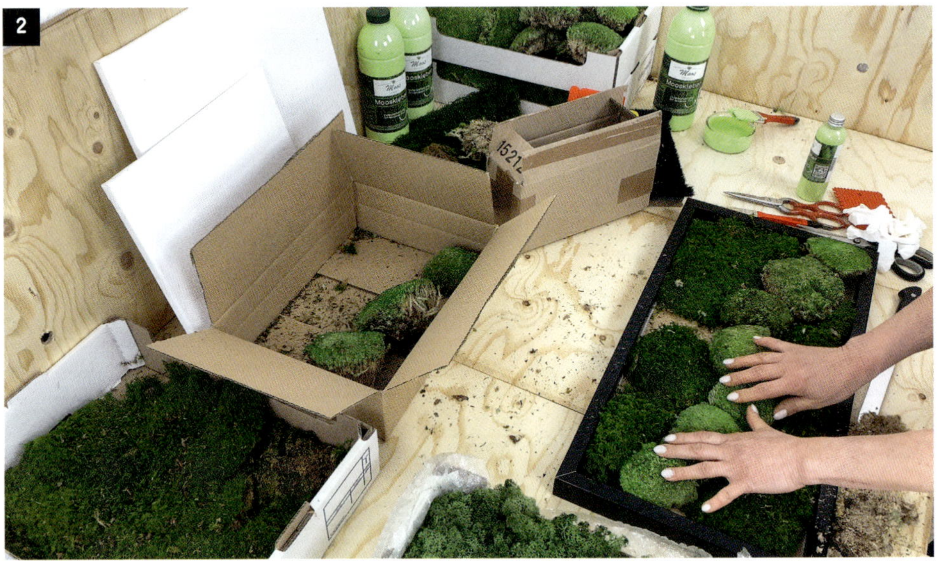


1. Lege den Bilderrahmen so auf die Arbeitsfläche, wie du ihn später auch an der Wand anbringen möchtest.

2. Lege das Moos (ohne Kleber) in den Bilderrahmen und gestalte dir dein Bild nach deinen Wünschen. Am besten beginnst du mit dem Bollen-/ Kugelmoos und füllst die freien Flächen dann mit Plattenmoos auf. Das Moos kannst du mit der Schere in die gewünschte Form bringen.

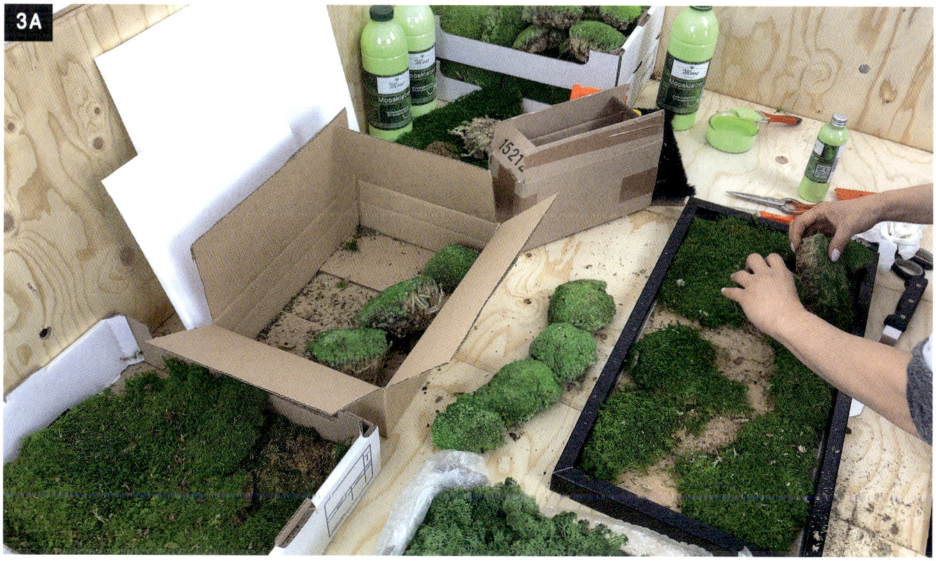


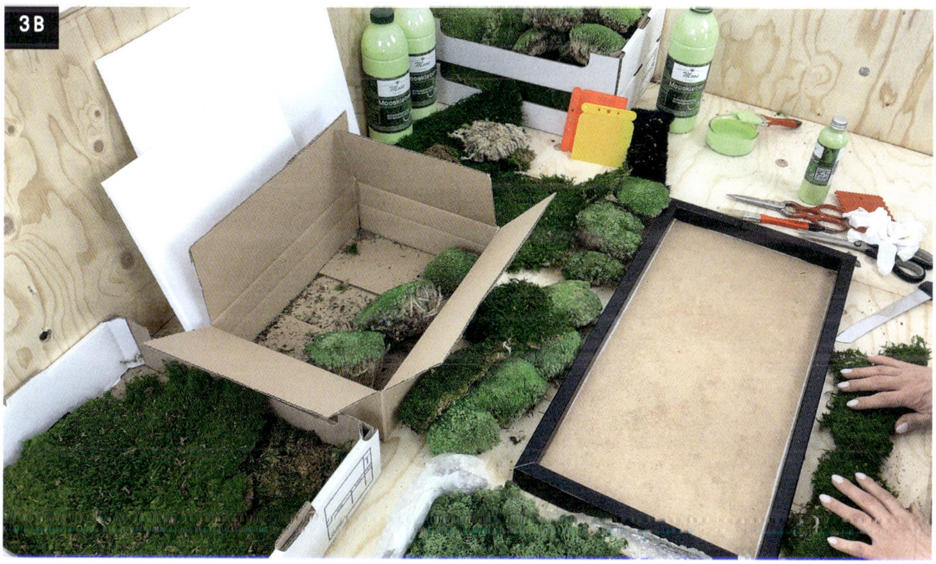


Tipp: Bei größeren Bildern kann es hilfreich sein, sich die Position des Kugelmooses mit einem Bleistift auf der Rückwand zu markieren.

3. Lege dann das Moos so, wie es im Bilderrahmen lag, auf deinem Basteltisch ab.

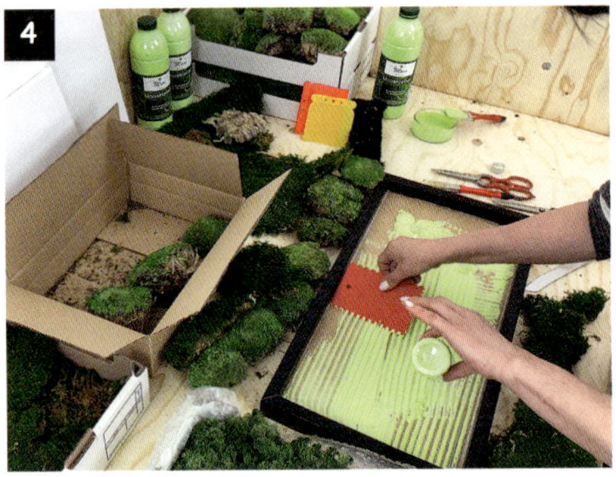

4

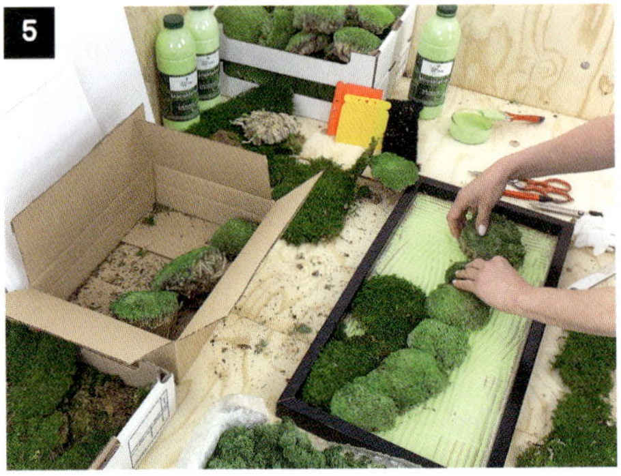

5

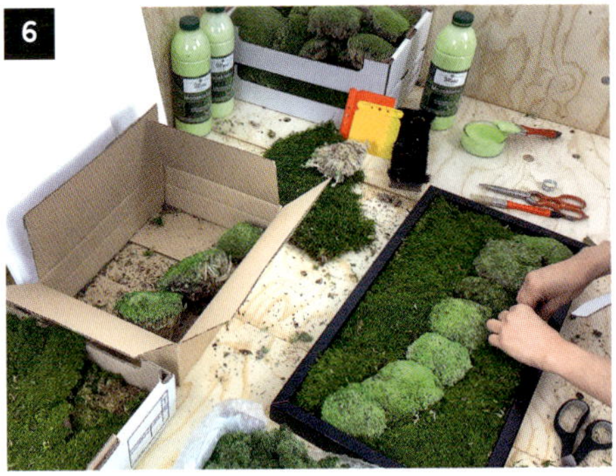

6

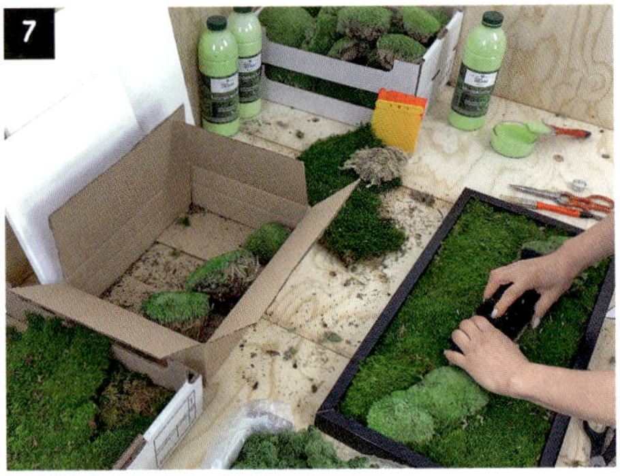

7

4. Wenn der Rahmen wieder leer ist und die Rückwand sauber, kannst du mit dem Auftragen des Klebers beginnen. Wenn du dir die Position des Kugelmooses markiert hast, fülle zuerst die markierten Flächen mit Kleber aus, so dass du die Bleistiftstriche noch siehst. Ansonsten kannst du direkt die gesamte Fläche großzügig mit Kleber bestreichen.

5. Stück für Stück setzt du nun die Moosstücke an die vorgesehene Position in den Rahmen. Du beginnst mit dem Bollenmoos und fährst fort mit dem Plattenmoos. Bevor du das Bollenmoos in den Kleber drückst, schneidest du mit dem Messer eine dünne Scheibe von unten ab, um eine möglichst große plane Klebefläche zu erzeugen. Der Kleber trocknet sehr langsam; du hast also genug Zeit, das Moos noch etwas hin- und herzuschieben, bis es richtig sitzt. Achte darauf, dass keine Spalten entstehen; diese würden das gesamte Bild stören.

6. Der Abschluss bei einem Bilderrahmen ist einfacher zu gestalten als bei einer Leinwand. Beim Rahmen kannst du einfach zur Schere greifen und das Moos so abschneiden, dass es mit etwas Druck am Rahmen anliegt, ohne dass es extra verklebt werden muss.

7. Wenn möglich, beschwere das Moos zum Trocknen etwas, sodass es über die gesamte Trockenzeit (24 Stunden) gut angedrückt wird.

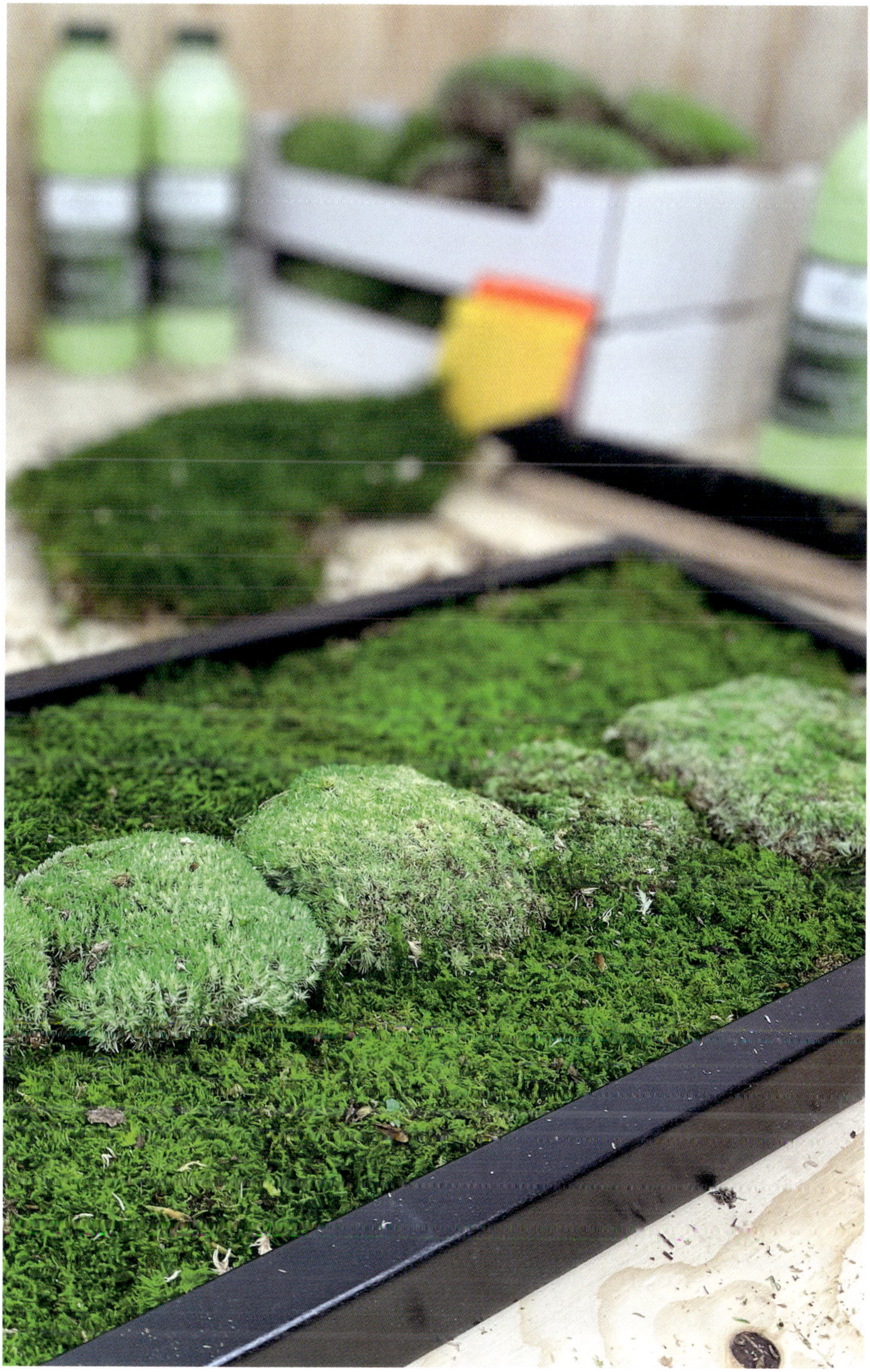

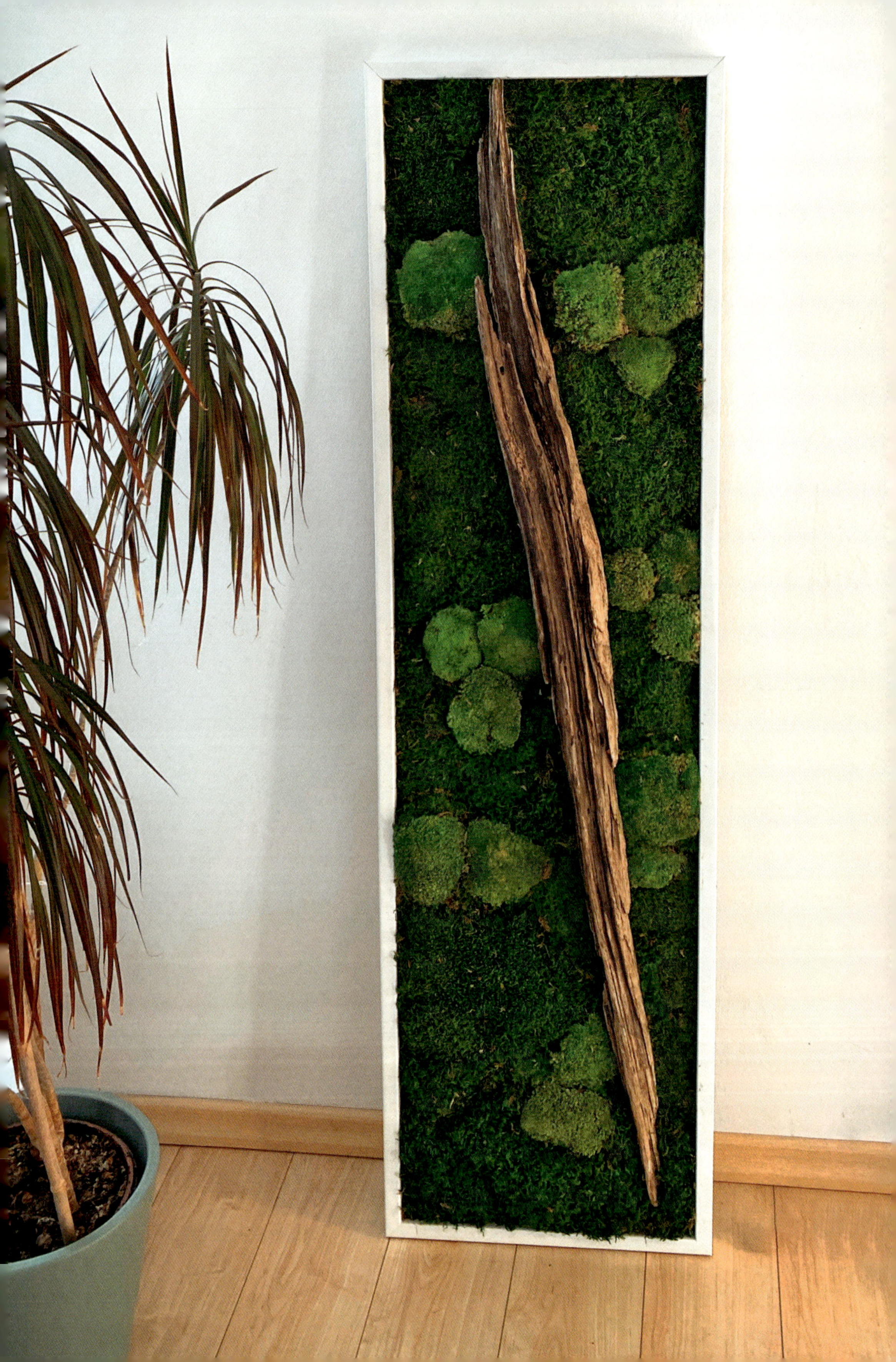

# Moosbild mit Treibholz

Arbeitszeit ohne Trockenzeit: ca. 3 Stunden
Schwierigkeit: mittel

AUCH FÜR DIESES PROJEKT KANN AUF EIN BEREITS ZUSAMMENGESTELLTES SET ZURÜCKGEGRIFFEN WERDEN. ZUSÄTZLICH ZUM SET KOMMT ABER NOCH EIN STÜCK TREIBHOLZ ZUR GESTALTUNG HINZU, DAS DU BEI EINEM STRANDSPAZIERGANG FINDEN KANNST. DEINEN IDEEN SIND ABER KEINE GRENZEN GESETZT; AUCH BAUMSCHEIBEN, TANNENZAPFEN, GETROCKNETE GRÄSER ODER RINDE KÖNNEN DEIN MOOSBILD SEHR SCHÖN ERGÄNZEN.

**MATERIAL:**
- 1 DIY-Set von moos-design.de, 140 × 40 cm, weiß
- 1 Stück Treibholz
- 2 Schrauben

**WERKZEUG:**
- Pinsel
- Schale für den Kleber
- Schere
- großes Messer
- Schraubendreher

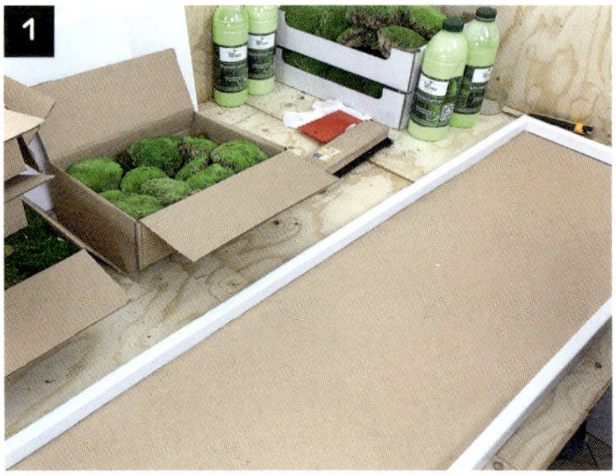


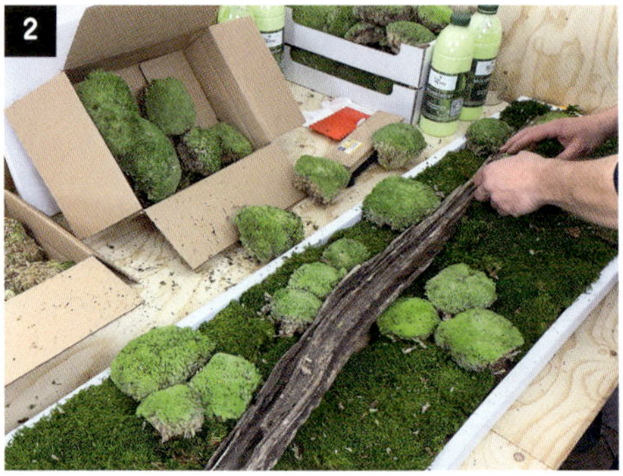


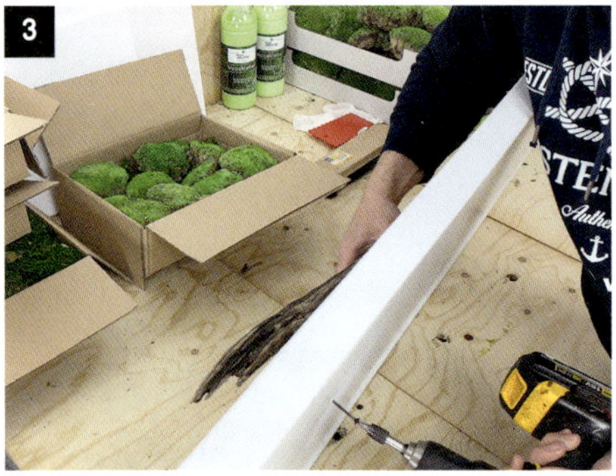


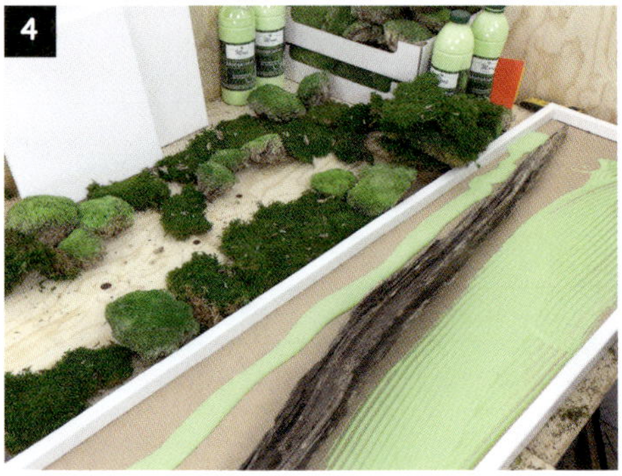


1. Lege den Bilderrahmen so auf die Arbeitsfläche, wie du ihn später auch an der Wand anbringen möchtest.

2. Lege das Moos (ohne Kleber) und das Treibholz in den Bilderrahmen und gestalte dir dein Bild nach deinen Wünschen. Am besten beginnst du mit dem Treibholz, gefolgt von dem Bollen-/Kugelmoos, und füllst die freien Flächen dann mit Plattenmoos auf. Mit der Schere kannst du das Moos in die gewünschte Form bringen.

3. Das Treibholz kann aufgrund seiner Form schlecht verklebt werden. Besondere Festigkeit wird beim Verschrauben durch die Rückwand erzielt. Hierfür wird eine Schraube durch die Rückwand in das Holz geschraubt. Je nach Form und Werkstoff musst du entscheiden, wie du es befestigen kannst. Bei kleinen Stücken ist auch ein Verkleben mit Heißkleber möglich.

4. Wenn das Treibholz befestigt ist, trägst du den Kleber mit dem Pinsel auf den Bilderrahmen auf. Bei einem größeren Bild wie diesem empfiehlt es sich, dabei in Abschnitten zu arbeiten. Beginne zum Beispiel mit der dir zugewandten Seite.

5. Wenn die Fläche mit Kleber bestrichen ist, wird zuerst das Bollen-/Kugelmoos angeklebt.

5

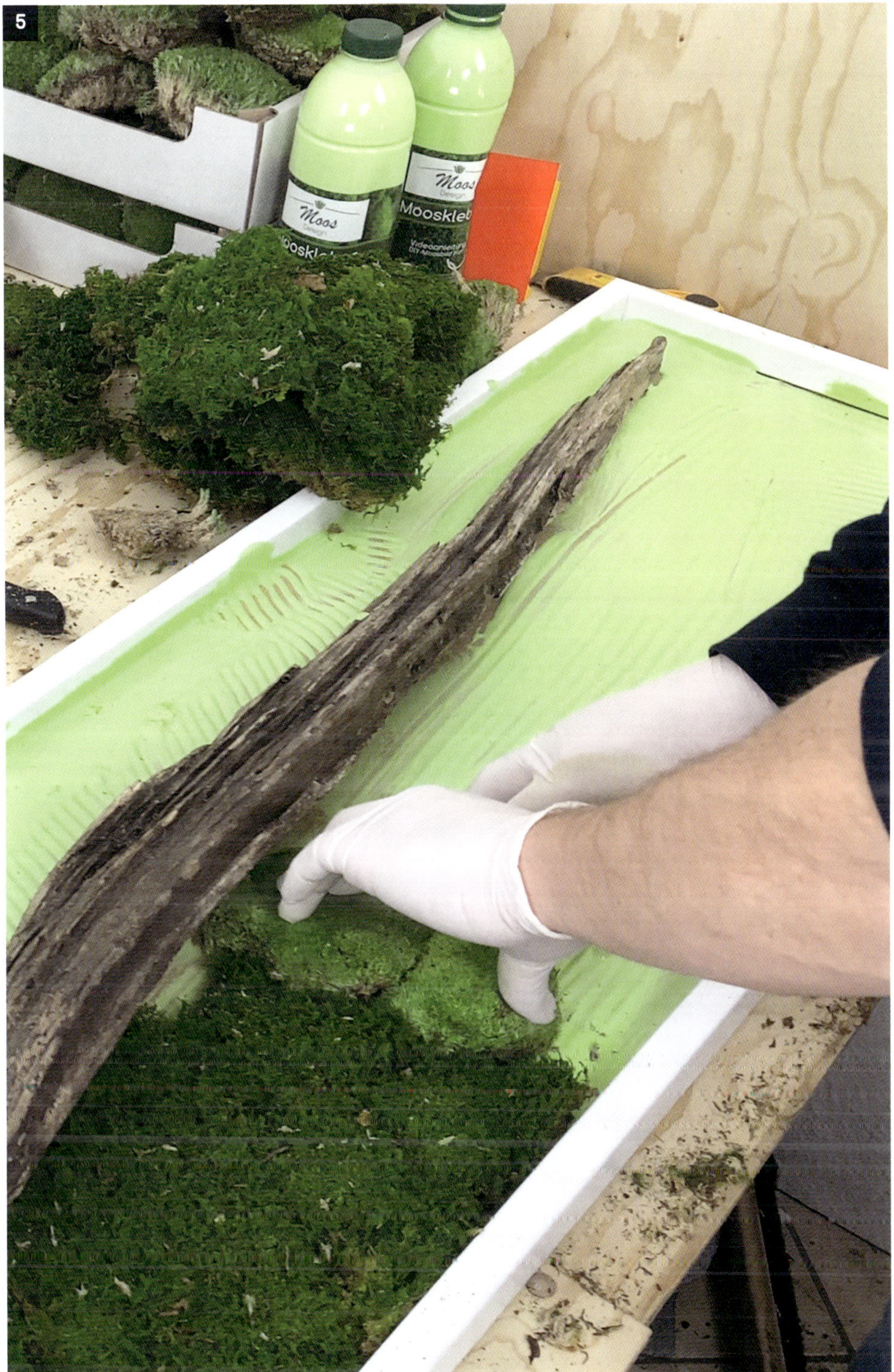

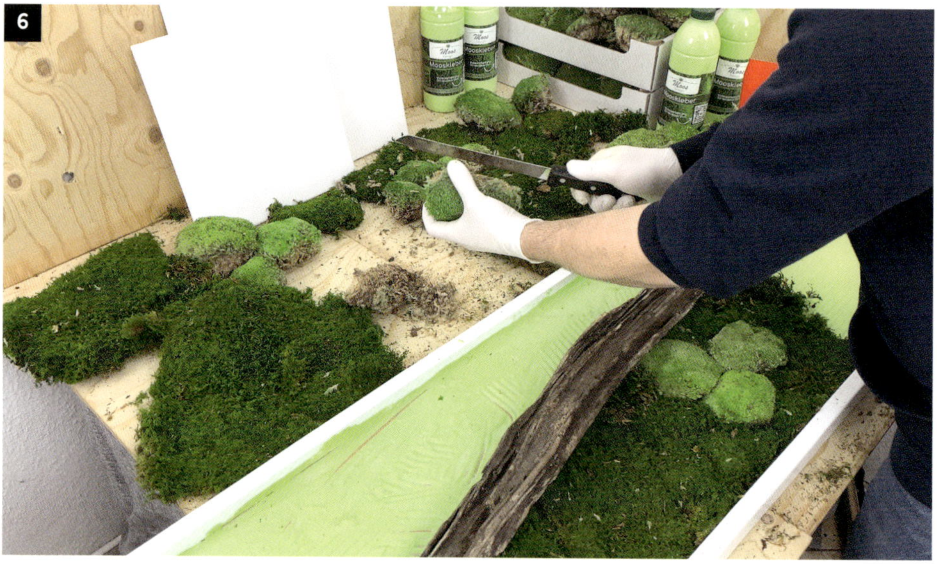


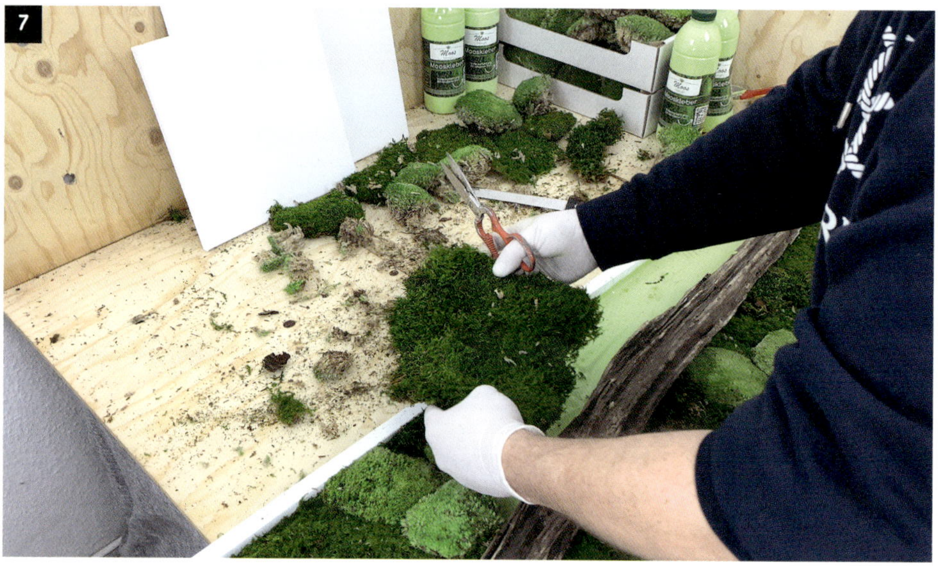


6. Tipp: Oft hat das Bollenmoos an der Unterseite keine glatte Fläche, die gut angeklebt werden kann. Mit einem großen Küchenmesser, das am besten eine feine Sägeklinge hat, kann die Unterseite des Bollenmooses einfach glatt abgeschnitten werden, sodass eine möglichst ebene Fläche entsteht.

7. Wenn das Bollenmoos verklebt ist, werden die noch freien Flächen mit dem Plattenmoos aufgefüllt. Ist eine Seite fertig, kann das Bild um 180 Grad gedreht und die zweite Bildhälfte beklebt werden.

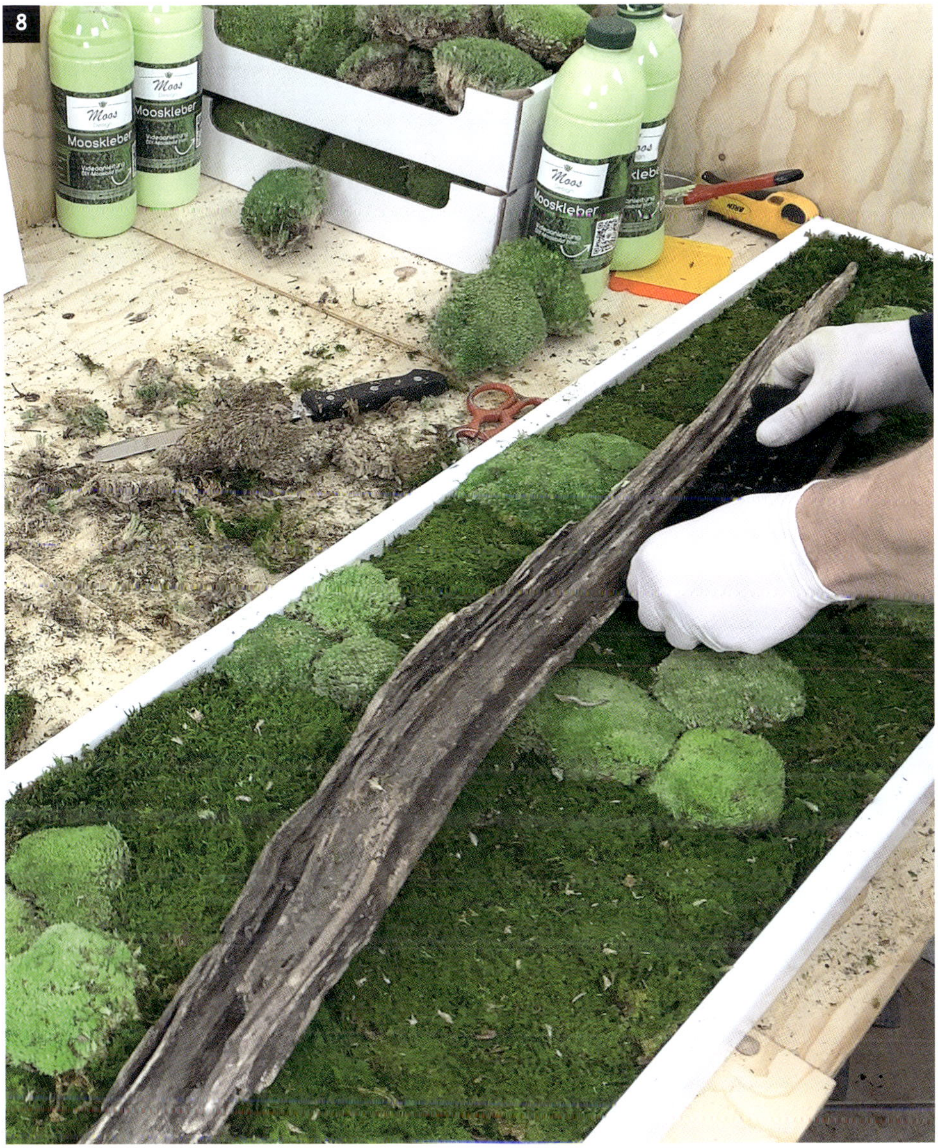


8. Beschwere das Moos zum Trocknen etwas, sodass es über die gesamte Trockenzeit (24 Stunden) gut angedrückt wird.

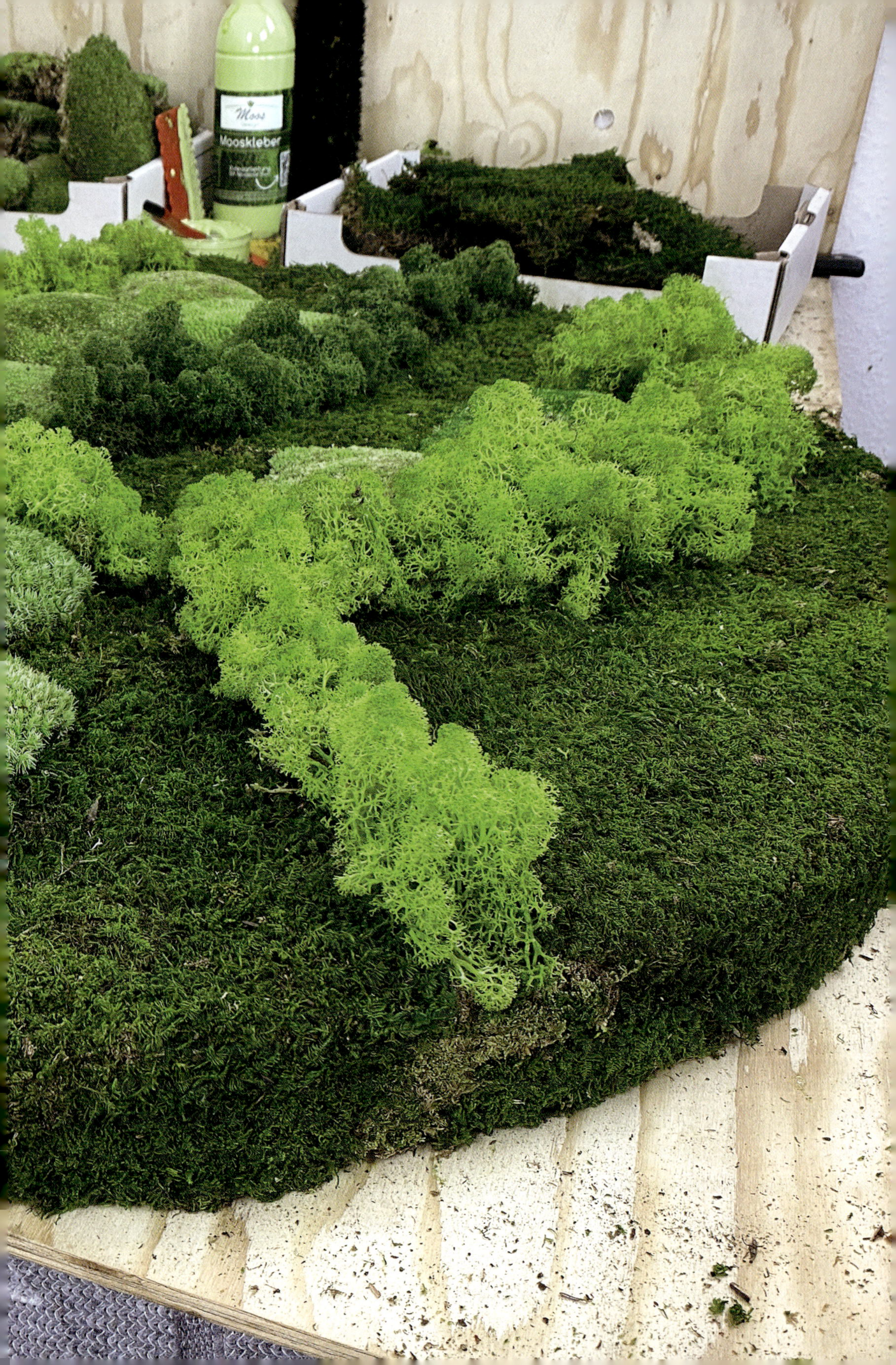
Moos
Mooskleber

# Großes rundes Moosbild

Arbeitszeit ohne Trockenzeit: ca. 6 Stunden
Schwierigkeit: schwer

BEI DIESEM PROJEKT GEHT ES DARUM, EIN GROSSFLÄCHIGES RUNDES MOOSBILD ZU GESTALTEN. DA RAHMEN ODER LEINWÄNDE IN DIESER KOMBINATION AUS FORM UND GRÖSSE SCHWER ZU BEKOMMEN SIND, FINDEST DU HIER AUCH EINE BESCHREIBUNG, WIE DU EINEN RUNDEN RAHMEN SELBST BAUEN KANNST. BEIM RAHMENBAU SOLLTEST DU DARAUF ACHTEN, DASS DER RAHMEN NICHT ZU SCHWER WIRD. DENN JE SCHWERER DAS BILD IST, UMSO ANSPRUCHSVOLLER IST SPÄTER SEINE AUFHÄNGUNG AN DER WAND. VERWENDE ALSO LEICHTE HOLZARTEN WIE PAPPEL- ODER BALSASPERRHOLZ.

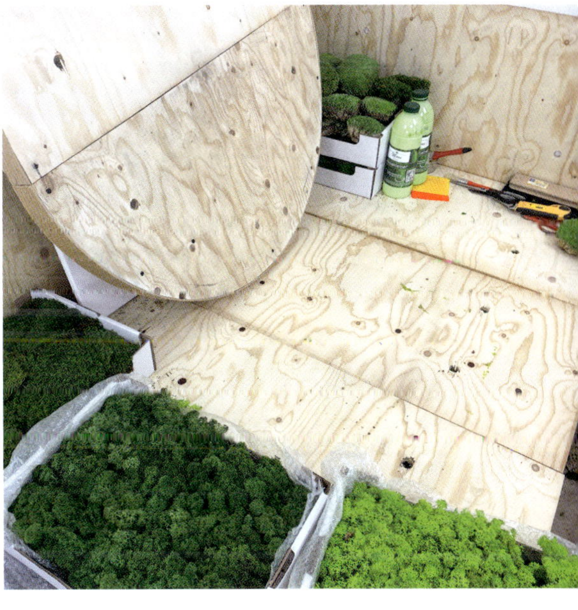

**RAHMENBAU:**

**MATERIAL:**
- Sperrholzplatte, 3 mm stark, 1200 × 1200 mm
- dünne Hartfaserplatte, 1 mm stark, 600 × 800 mm
- Leiste 24 × 48 mm, 2 m Länge
- 10 Schrauben
- 20–30 Nägel

**WERKZEUG:**
- Akkuschrauber
- Schnur
- Bleistift
- Stichsäge
- Schleifgerät
- Cuttermesser
- Richtscheit oder Wasserwaage
- Hammer
- 1–2 Schraubzwingen

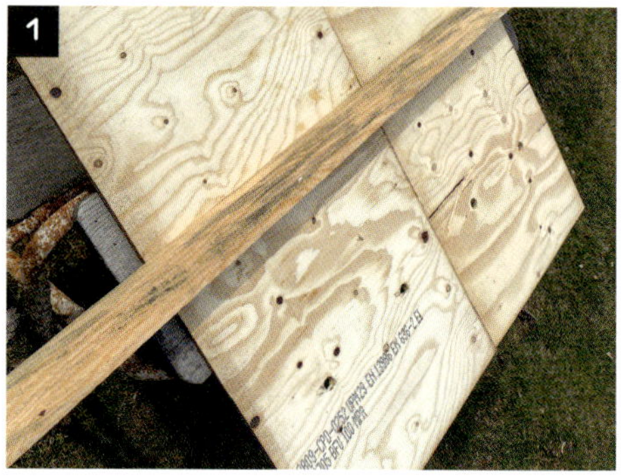

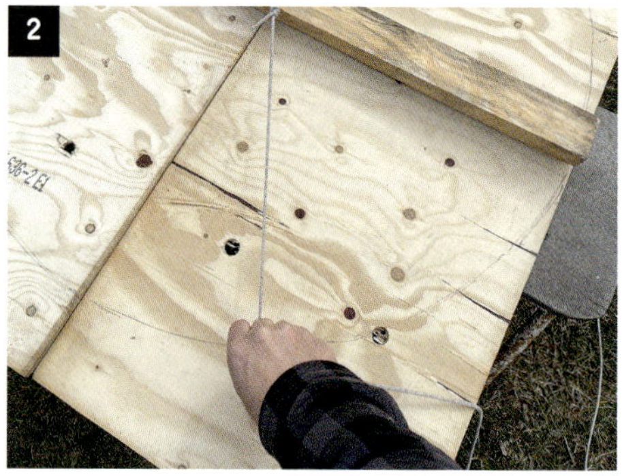

1. Sperrholzplatten gibt es in verschieden Größen. Du kannst eine für deinen Rahmen zugeschnittene runde Platte bestellen; dazu gibt es zahlreiche Anbieter im Internet, oder du lässt eine runde Platte im lokalen Baumarkt zuschneiden. Eine Plattenstärke von 3 mm ist für die meisten Bildergrößen vollkommen ausreichend. Du kannst aber auch selbst eine runde Sperrholzplatte aus einer eckigen Platte ausschneiden. (Wenn du eine bereits auf dein Maß zugeschnittene runde Platte besorgt hast, kannst du die nächsten beiden Schritte auslassen und mit dem Zusägen der Klötzchen weitermachen (Schritt 4).

2. Zeichne zunächst die runde Form deines Bildes auf die Sperrholzplatte. Dazu drehst du in die Mitte der Sperrholzplatte mit dem Akkuschrauber eine kleine Schraubeein und befestigst an der Schraube eine Schnur, an deren anderem Ende ein Bleistift angebracht ist. Nun kannst du mit dem Bleistift einen perfekten Kreis zeichnen.

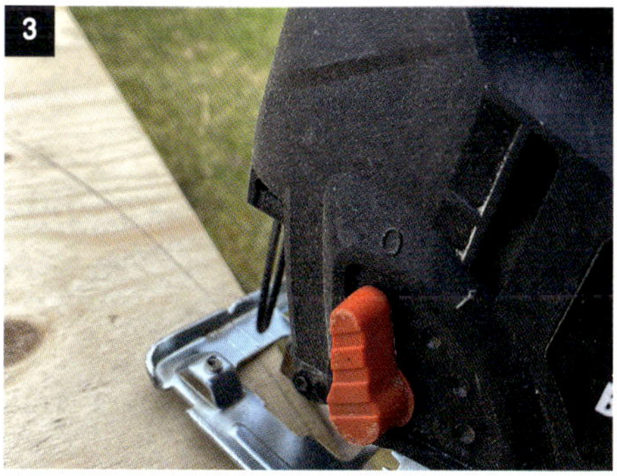

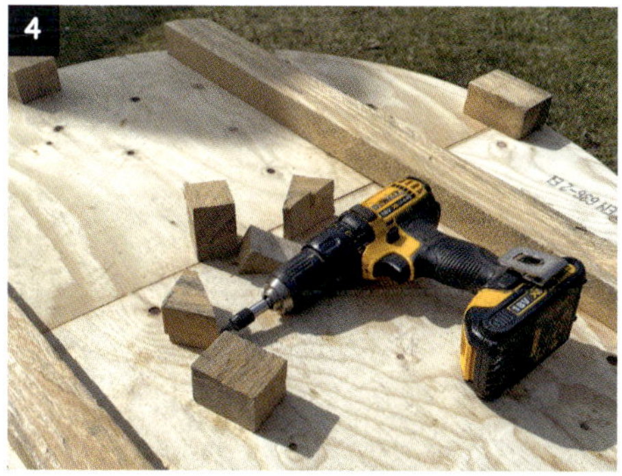

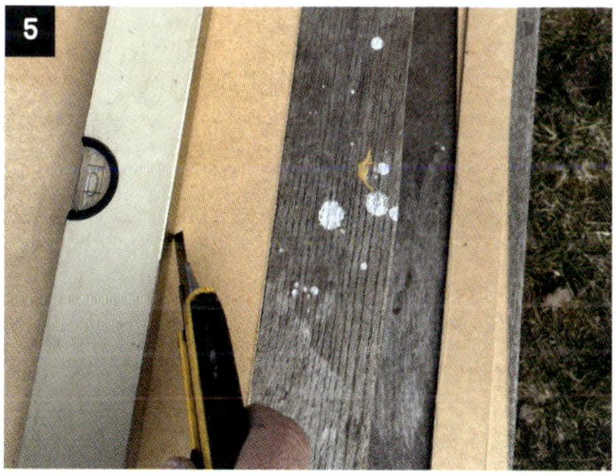

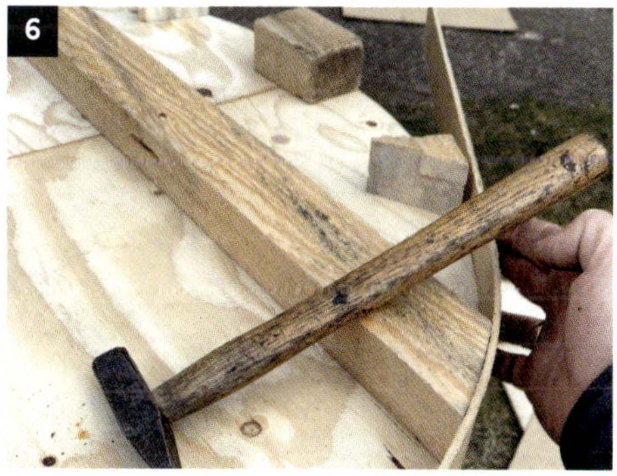

3. Die angezeichnete Form wird nun mit einer Stichsäge ausgesägt. Die Kanten kannst du mit dem Schleifgerät anschleifen, damit die Sägekante glatt wird.

4. Damit dein Bild sich etwas von der Wand abhebt und ein schöner 3D-Effekt erzielt wird, werden an der Rückseite der Sperrholzplatte bündig mit dem Rand kleine Klötzchen angeschraubt, im Abstand von ca. 25 Grad. Die Klötzchen schneidest du aus den Leisten zu. Dazu schneidest du mit der Stichsäge die Leisten in 5 cm große Stücke.

5. Aus der dünnen Hartfaserplatte schneidest du Streifen, die genauso breit wie die Klötzchen hoch sind. Die Streifen sind leicht zuzuschneiden; am besten benutzt du ein Cuttermesser, das du an einem Richtscheit oder an einer Wasserwaage entlangziehst.

6. Nach zwei bis drei Vorgängen ist ein Streifen abgeschnitten. Die Streifen werden dann von außen mit dem Hammer an die Klötzchen genagelt, sodass ein Rand entsteht, der später mit Moos beklebt werden kann. Um dir das Anbringen der Hartfaserplattenstreifen zu erleichtern, verwende ein bis zwei Schraubzwingen, die die Streifen in der richtigen Position festhalten, bis die Nägel eingeschlagen sind.

**MOOSBILDGESTALTUNG:**

**MATERIAL:**
- 2 Stiegen Plattenmoos
- 1 Stiege Kugel-/Bollenmoos
- je ½ Stiege Islandmoos in Hellgrün und Dunkelgrün
- 1 l Kleber

**WERKZEUG:**
- Schale für den Kleber
- Spachtel
- großes Messer
- Schere
- Pinsel

ZUM GESTALTEN DIESER GROSSEN FLÄCHE EIGNEN SICH DIE DREI BELIEBTEN MOOSARTEN: KUGELMOOS, PLATTENMOOS UND ISLANDMOOS. AKZENTE KANNST DU MIT DEM KUGELMOOS SETZEN, MIT ISLANDMOOS LASSEN SICH DÜNNE LINIEN GESTALTEN, UND DIE FLÄCHEN DAZWISCHEN WERDEN MIT PLATTENMOOS AUFGEFÜLLT.

1. Lege das Moos (ohne Kleber) auf den Rahmen und gestalte dein Bild nach deinen Wünschen.

2. Wegen der großen Fläche ist es nötig, Stück für Stück vorzugehen und das Moosbild Streifen für Streifen zu erarbeiten, bis alles verklebt ist. Nimm dir also so viel Moos vom Bild, wie du in einen Durchgang verkleben kannst. Dann trage in diesem Streifen den Kleber auf. Zum Verstreichen des Klebers auf diesen großen Flächen kannst du den Spachtel benutzen. Ist der Kleber aufgebracht, kannst du das Moos wieder zurück an seine Position bringen und es verkleben. So kannst du Stück für Stück das große Bild verkleben, ohne dich beeilen zu müssen.

3. An den Rändern kannst du das Moos ruhig etwas überstehen lassen, das erleichtert später das Bekleben des Rahmenrandes.

4. Beim Ankleben des Kugelmooses ist es wichtig, dass du die Unterseite des Mooses mit einem großen Messer beschneidest, sodass eine möglichst glatte Fläche entsteht, die sich leicht verkleben lässt.

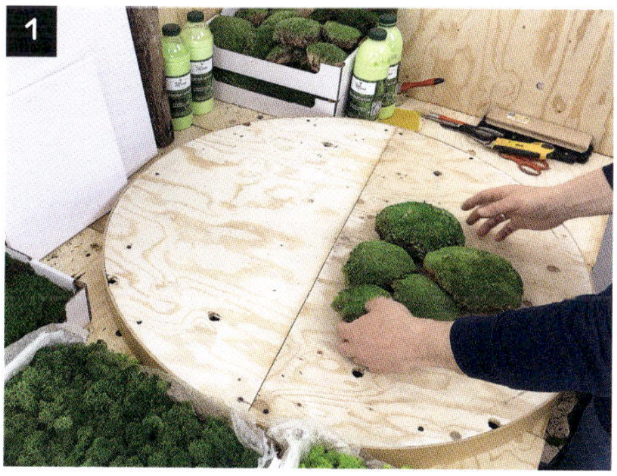


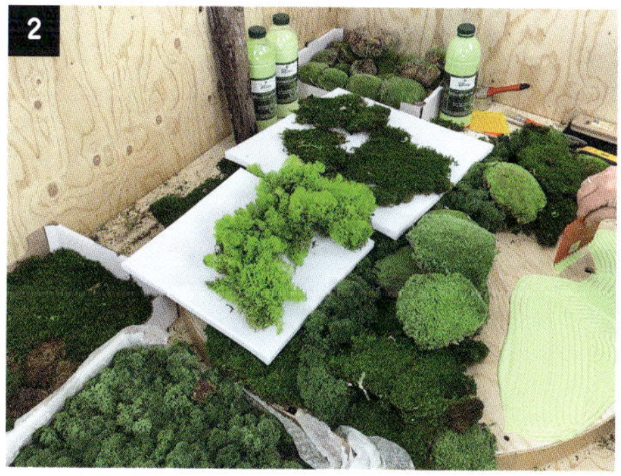


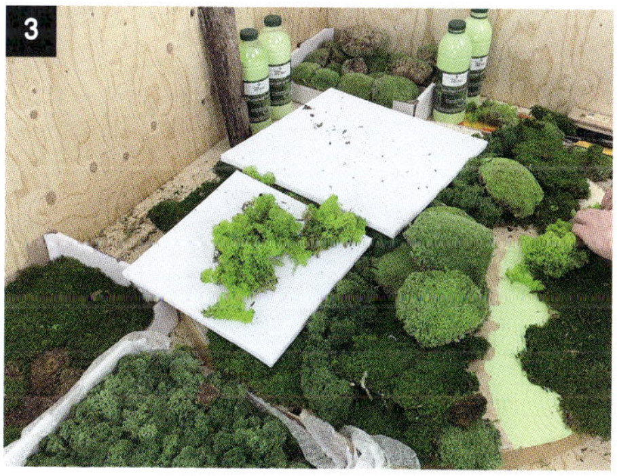


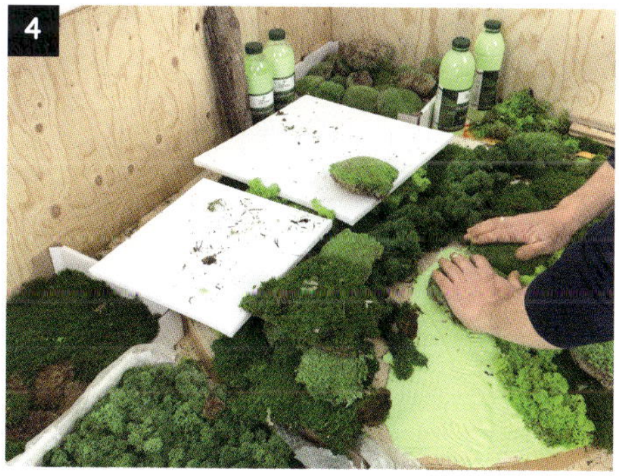


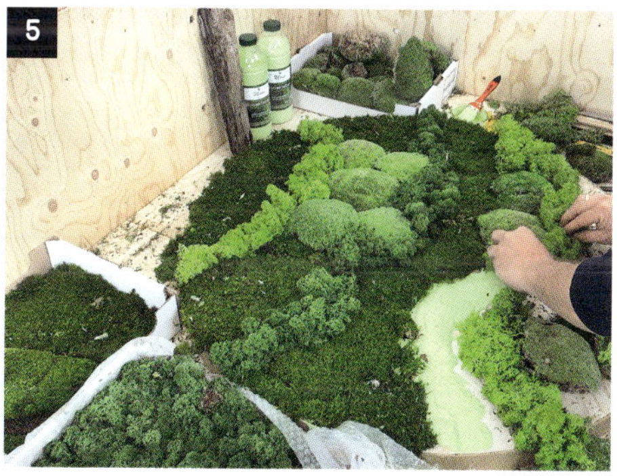


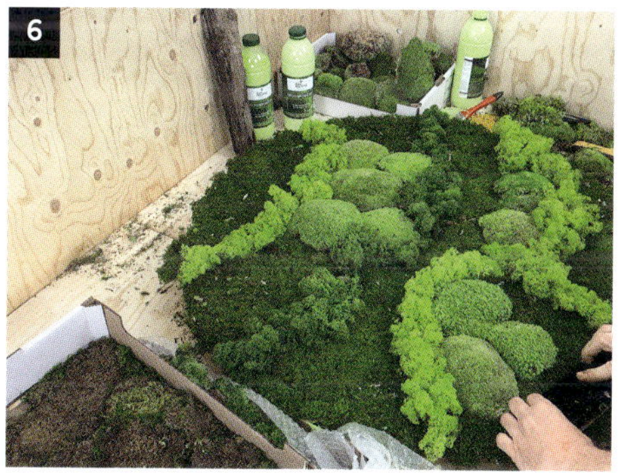


5. Beim Verarbeiten des Islandmooses kannst du das Moos mit einer Schere auf die gewünschte Länge bringen. Achtung: Das Moos immer etwas länger lassen, sodass sich das Moos beim Ankleben etwas legen kann. Beim Andrücken musst du vorsichtig sein und mit den Fingerspitzen arbeiten, die feine Struktur der Islandmoosbüschel geht leicht kaputt.

6. Ist die Fläche komplett mit Moos beklebt, muss das Bild 24 Stunden trocknen. Dort, wo es geht, beschwere das Bild etwas, damit das Moos über die gesamte Trockenzeit angedrückt wird. Achtung: So nicht beim Islandmoos vorgehen, das würde dadurch platt gedrückt werden.

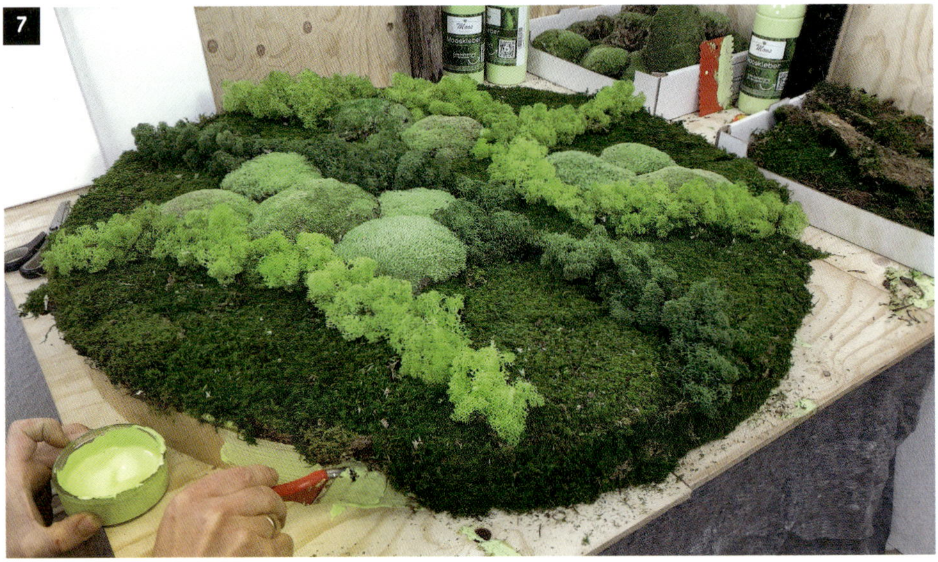


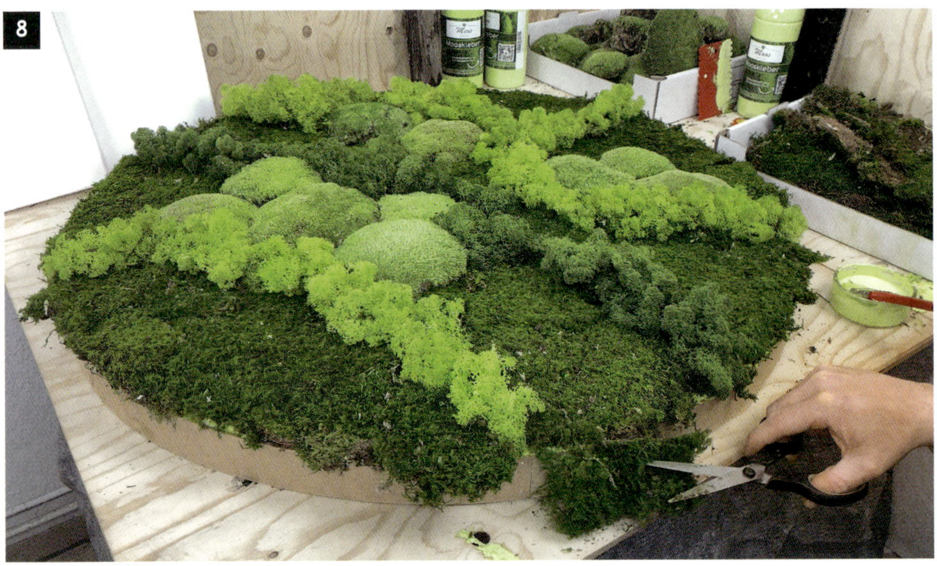


7. Wenn das Bild getrocknet ist, kannst du dich an die Ränder des Rahmens machen. Trage mit dem Pinsel Kleber auf den Rand auf und klebe das überstehende Moos daran fest. Dabei kannst du ruhig mit etwas mehr Druck arbeiten, um eine saubere Kante zu erzeugen.

8. Jetzt schneidest du das Plattenmoos mit der Schere zu und klebst es auf die noch unbedeckten Flächen des Randes.

9. Zum Schluss muss das Bild noch einmal trocknen, bevor du es endgültig aufhängen kannst.

9

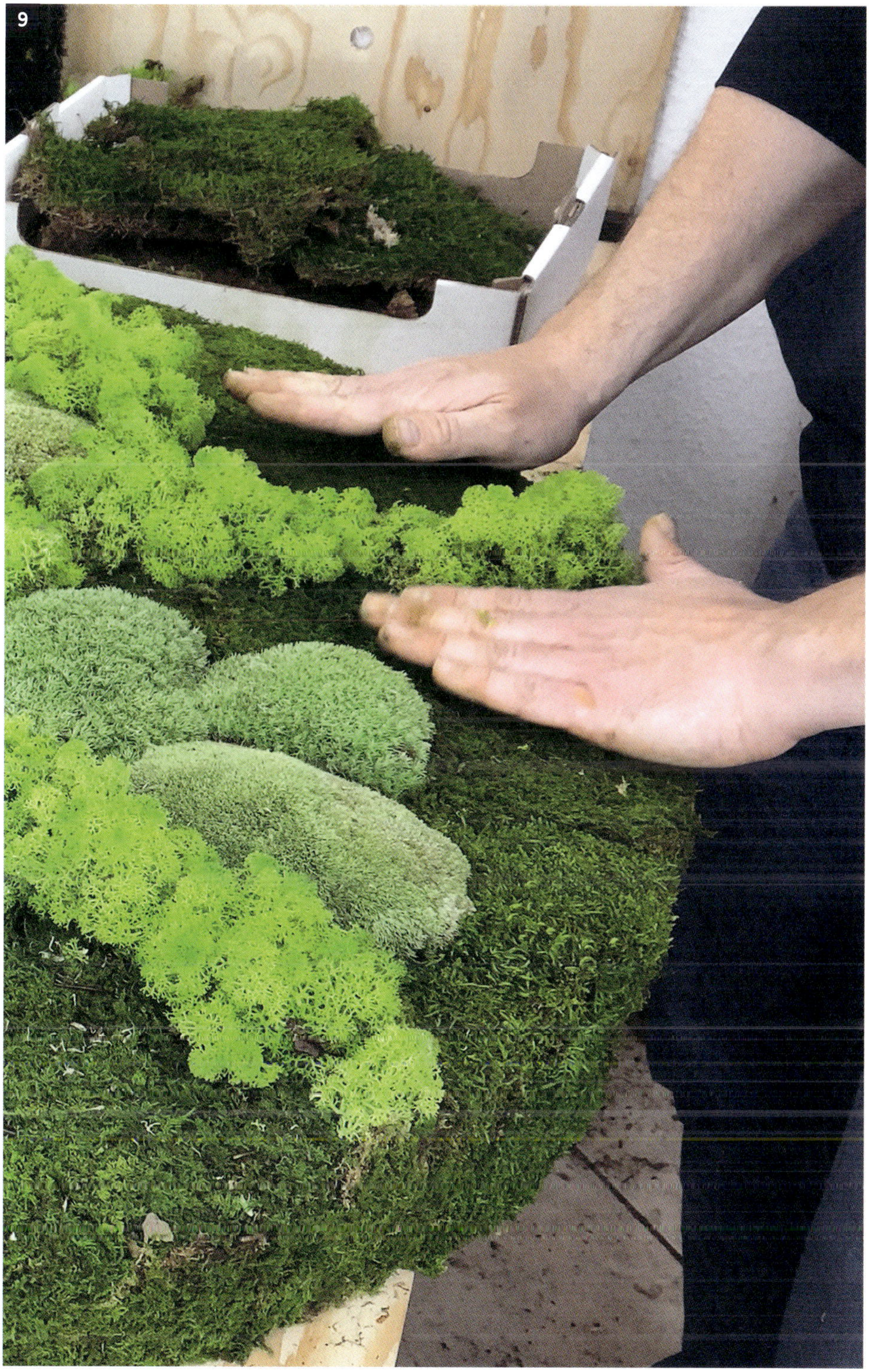

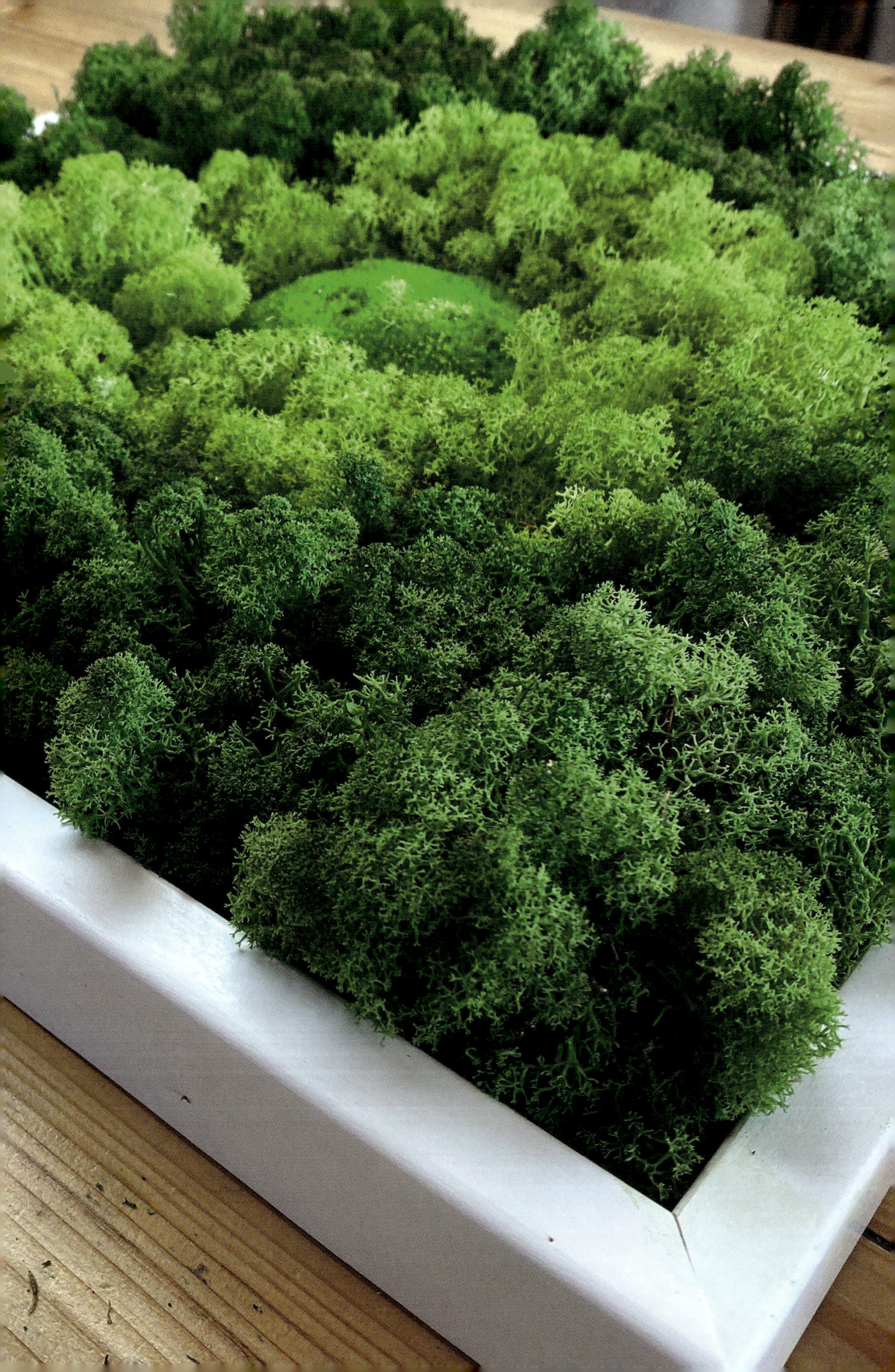

# Moos im Quadrat

Arbeitszeit ohne Trockenzeit: ca. 2 Stunden
Schwierigkeit: mittel bis schwer

FÜR DIESES PROJEKT KANNST DU WIEDER AUF EIN DIY-SET ZURÜCKGREIFEN. IM SET IST ALLES ENTHALTEN, WAS DU BENÖTIGST.

**MATERIAL:**
- 1 DIY-Set von moos-design.de, 50 × 50 cm, weiß
- ½ Stiege Islandmoos in Hellgrün
- ½ Stiege Islandmoos in Dunkelgrün

**WERKZEUG:**
- Pinsel
- Schale für den Kleber
- großes Messer
- Schere

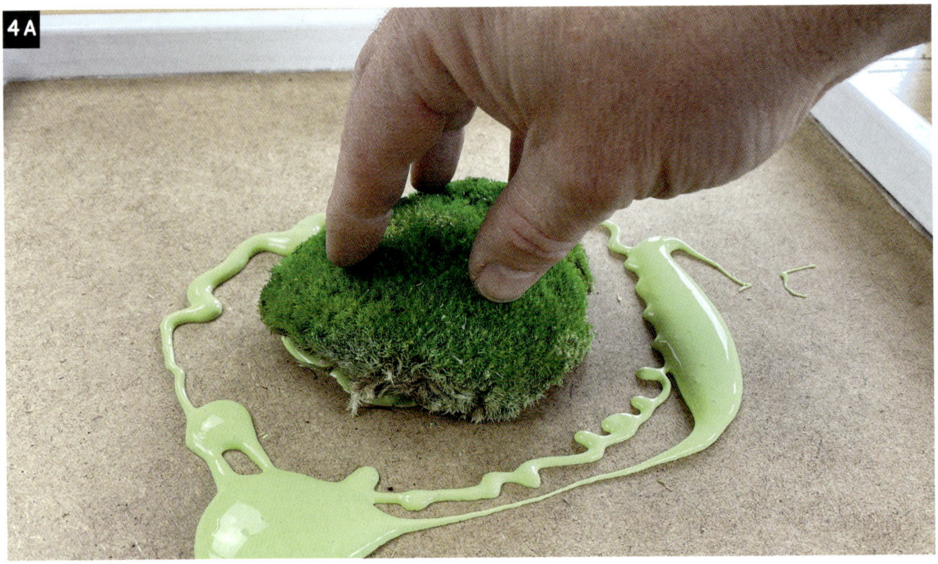

1. Lege den Bilderrahmen so auf die Arbeitsplatte, dass du gut an die Mitte des Bildes reichst.

2. In die Mitte des Bildes klebst du als erstes einen Bollen Kugelmoos. Suche dir dafür ein besonders schönes Stück aus; es wird der Mittelpunkt des ganzen Bildes und somit auch immer im Fokus des Betrachtens stehen.

3. Hast du die richtige Position in der Mitte des Bildes gefunden, kannst du das Bollenmoos wieder herunternehmen und die Stelle mit Kleber bestreichen. Bevor du das Bollenmoos verklebst, schneide von der Unterseite mit einem langen Messer eine dünne Schicht ab, damit eine flache Fläche entsteht und das Moos gut angeklebt werden kann.

4. Ist das Bollenmoos in der Mitte platziert, kannst du mit dem Verkleben des Islandmooses beginnen. Dazu verteilest du zuerst den Kleber ca. 5 cm ringförmig um das Bollenmoos. Hier darfst du ruhig etwas großzügiger vorgehen. Ist der Kleber verteilt, kannst du mit dem helleren Grün starten und es rund um das Bollenmoos verteilen, bis eine hellgrüne Umrandung von etwa 15 cm Breite entstanden ist. Beim Verkleben des Islandmooses achte darauf, dass du dir kleine Büschel heraussuchst, diese mit einer Schere auf die gewünschte Länge bringst und dann jeden Büschel mit dem unteren Ende fest in den Kleber drückst. Achtung: Zum Andrücken nicht oben auf den Büschel pressen, da ansonsten die Struktur des Islandmooses zerstört wird.

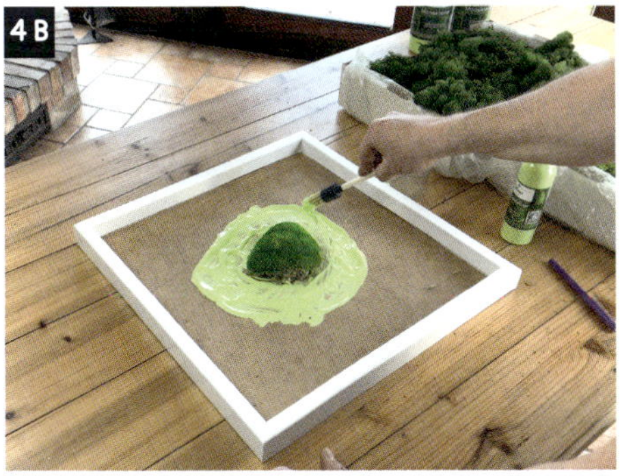
4B

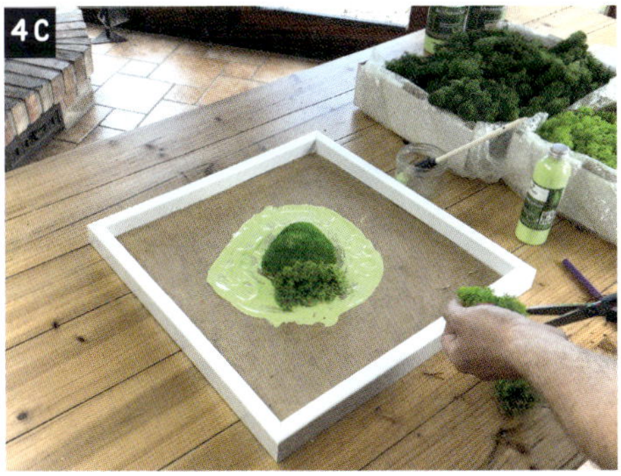
4C

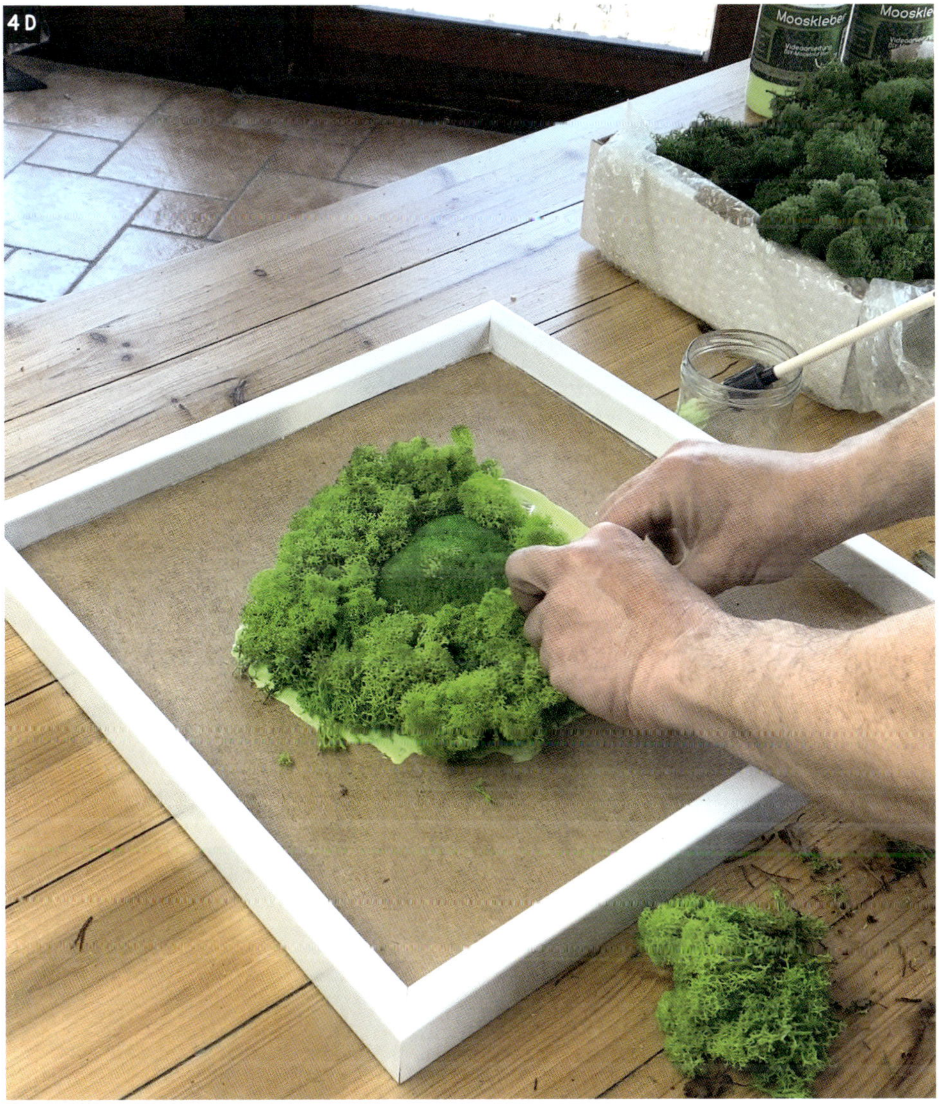

4D

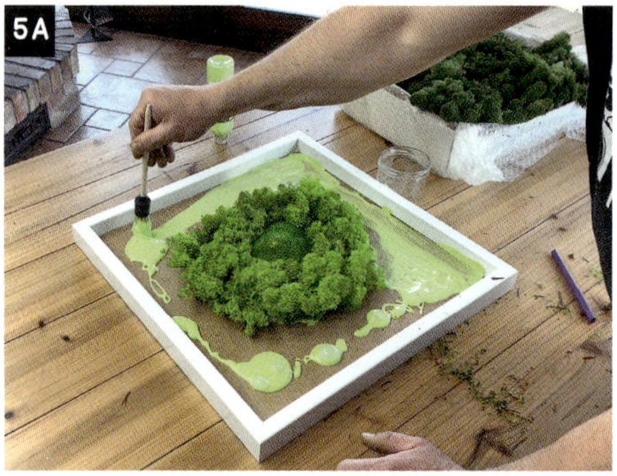


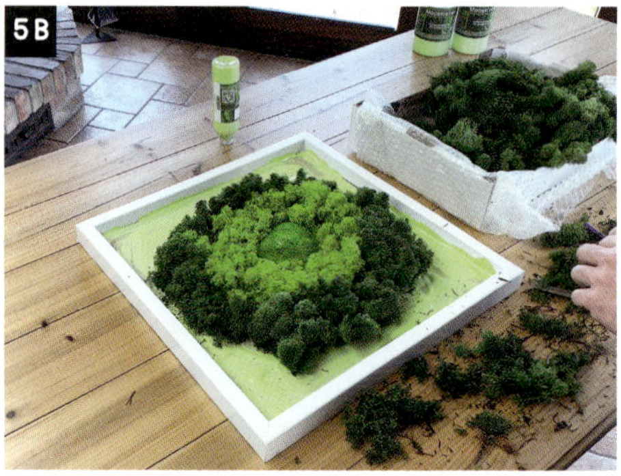


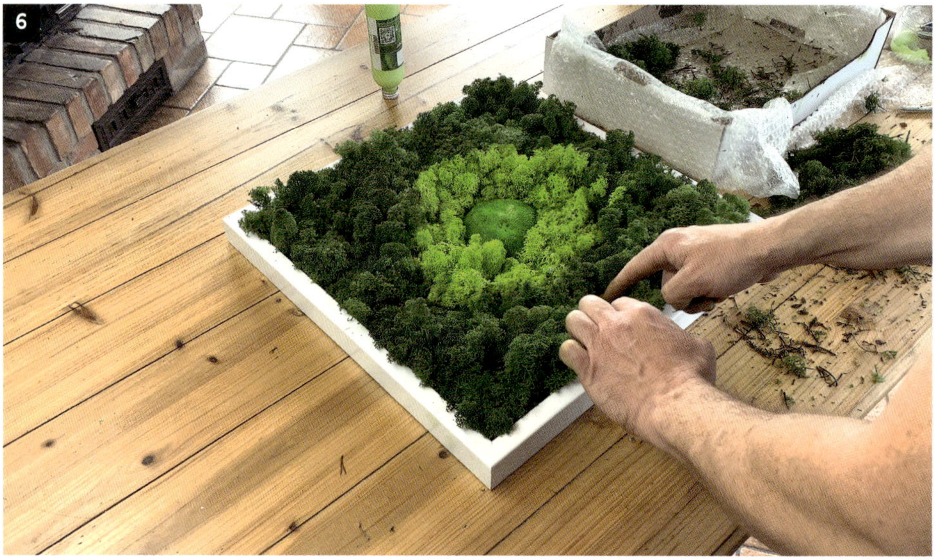


5. Danach kommt die zweite Farbe ins Spiel. Auch hier gehst du vor wie bei dem hellen Moos, nur dass du jetzt das Bild bis zum Rahmen auffüllst.

6. Ist der gesamte Rahmen gefüllt, kannst du alles nochmal mit den Fingerspitzen andrücken. Dazu schiebst du die Finger an den oberen Büscheln des Mooses vorbei, sodass du die untere Struktur fest in den Kleber drücken kannst, ohne dass die Büschel kaputtgehen.

7. Das Bild sollte im Liegen getrocknet werden.

7

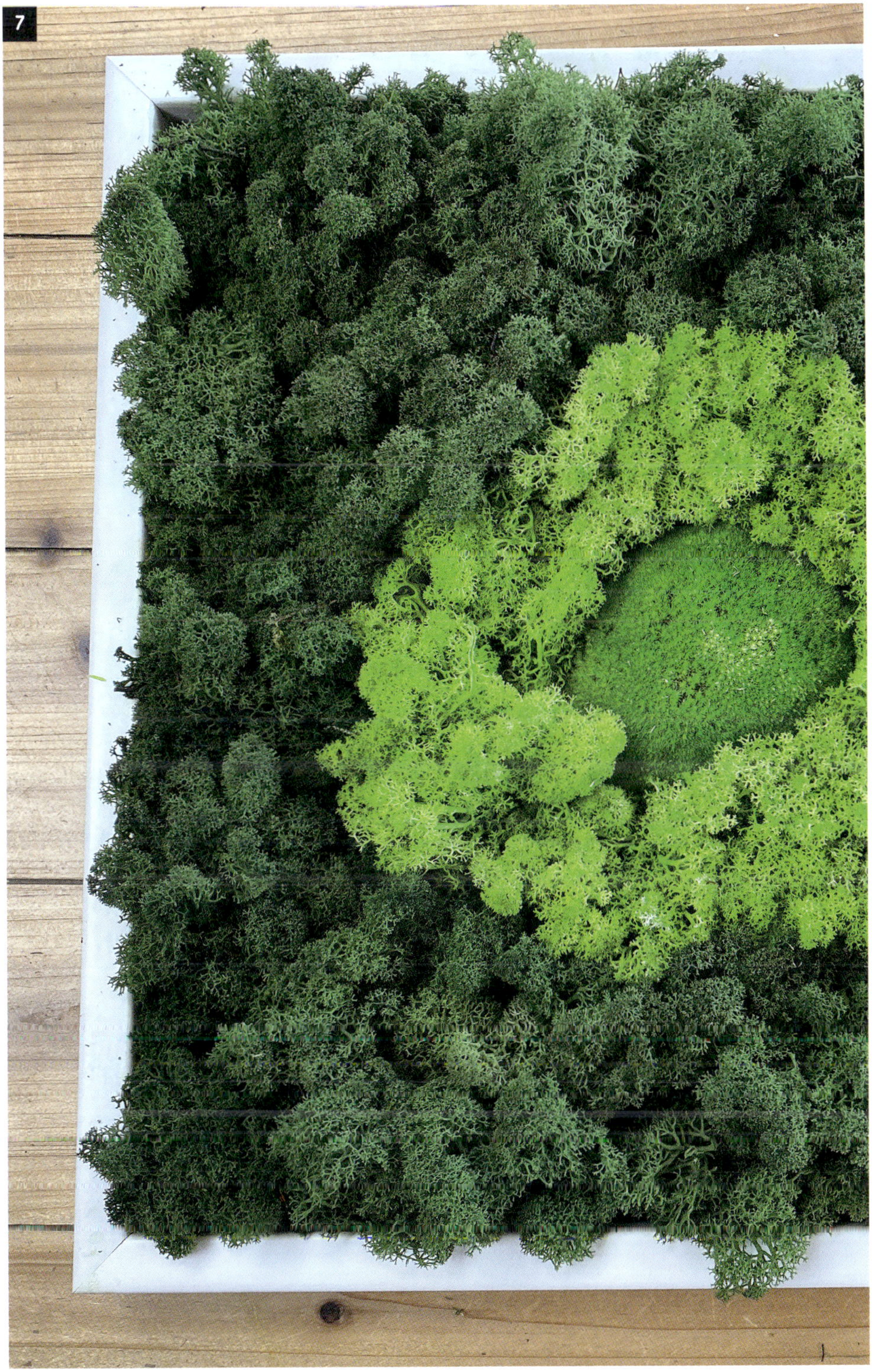

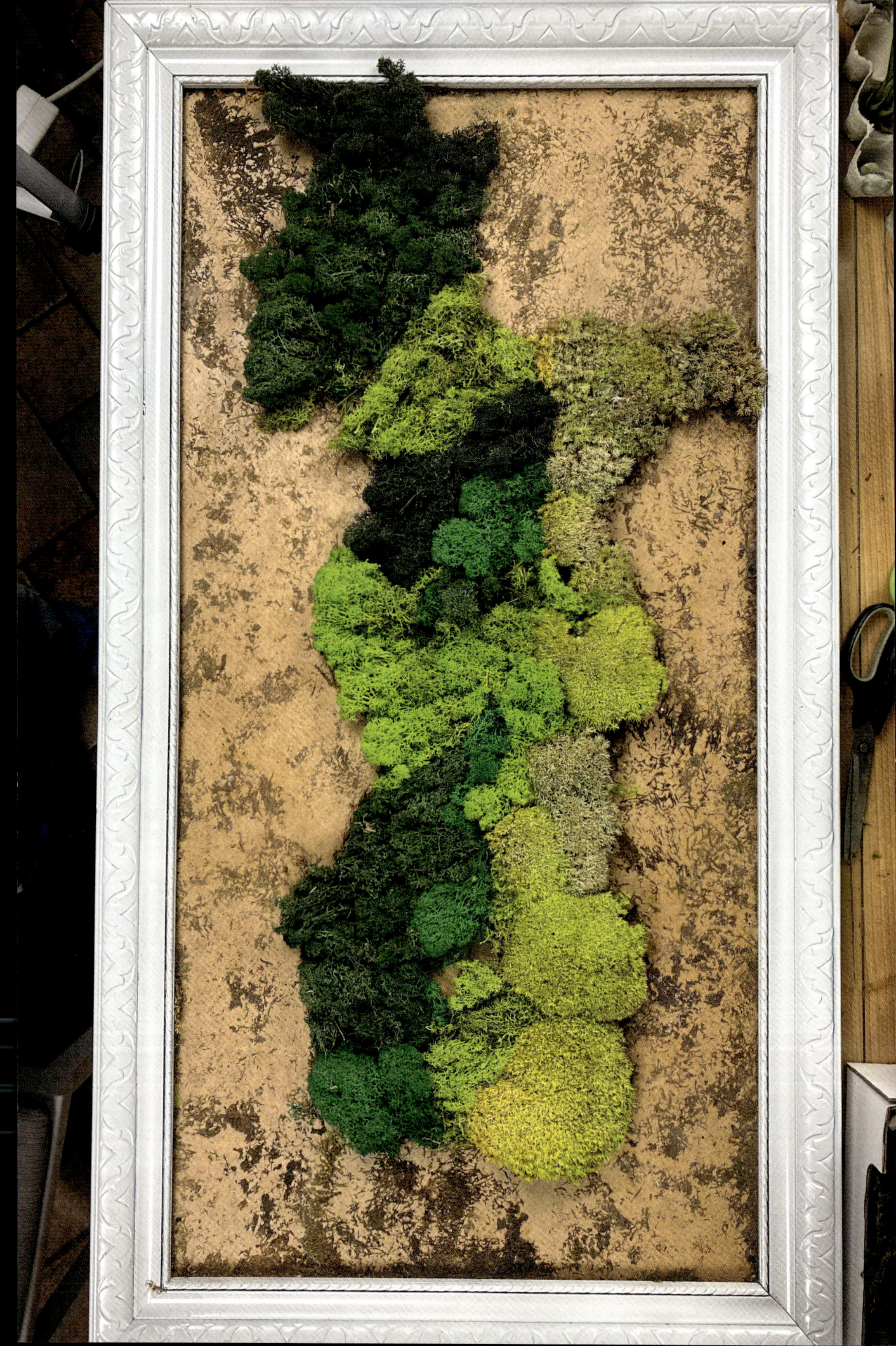

# Upcycling eines alten Bilderrahmens

Arbeitszeit ohne Trockenzeit: je nach Größe unterschiedlich
Schwierigkeit: mittel

DA DER BAU EINES RAHMENS FÜR EIN MOOSBILD SEHR AUFWENDIG IST UND DOCH EINIGES HANDWERKLICHE GESCHICK UND DAS RICHTIGE WERKZEUG VORAUSSETZT, KANN ES EINE GUTE ALTERNATIVE SEIN, SICH AUF FLOHMÄRKTEN ODER IM INTERNET NACH ALTEN BILDERN UMZUSEHEN UND DEREN RAHMEN FÜR EIN MOOSBILD ZU VERWENDEN. OFT GIBT ES GÜNSTIGE SCHNÄPPCHEN, WENN DIE MOTIVE NICHT MEHR AKTUELL SIND. ABER DA DU JA NUR DEN RAHMEN NUTZEN MÖCHTEST, BESCHRÄNKT DAS MOTIV NICHT DIE AUSWAHL. AUCH DIE FARBE DES RAHMENS LÄSST SICH LEICHT ÄNDERN. BEI DER AUSWAHL SOLLTEST DU NUR AUF ZWEI KRITERIEN ACHTEN: DAS RICHTIGE MASS FÜR DIE GEWÜNSCHTE GRÖSSE DES MOOSBILDES UND DIE TIEFE DES RAHMENS. DENN: JE TIEFER DER RAHMEN IST, UMSO EINFACHER WIRD SPÄTER DIE GESTALTUNG MIT MOOS. CA. 1–4 CM RAHMENTIEFE SIND IDEAL.

**MATERIAL:**

- Bilderrahmen
- bei Bedarf eine Hartfaserplatte als Rückwand
- Moos je nach Fläche des Bildes und Gestaltungswunsch
- 4 Tillandsien
- 400 ml Kleber

**WERKZEUG:**

- Pinsel
- Schale für den Kleber
- Schere
- großes Messer

Für das Upcycling muss der Rahmen etwas vorbereitet werden. Ist eine Glasscheibe vorhanden, muss diese entfernt werden, ebenso wie das Bild, wenn es sich noch im Rahmen befindet. Bei den meisten Rahmen kannst du die Rückwand entfernen und das Bild einfach entnehmen. Ist die Rückwand stabil genug, kannst du diese wieder einbauen und als Untergrund für dein Moosbild verwenden.

Ist der Rahmen um eine Leinwand gespannt oder die vorhandene Rückwand nicht stabil genug, kannst du dir aus einer Hartfaserplatte eine neue Rückwand anfertigen.

Wenn du mit den Vorbereitungen fertig bist, kannst du mit der Gestaltung deines Moosbildes beginnen.

Ich verwende für dieses Projekt eines meiner ersten Moosbilder, das ich erstellt habe. Damals habe ich unter anderem auf natürliches Moos zurückgegriffen. Das hat sich bereits nach ein paar Monaten gerächt, und das natürliche Moos hat sich sehr schnell braun verfärbt. Bevor es also losgeht mit der Neugestaltung, muss das braun gewordene Moos entfernt werden.

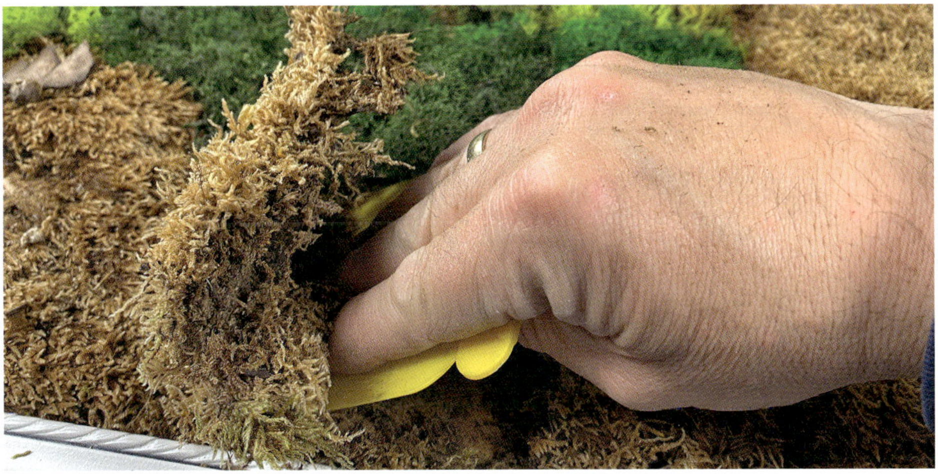
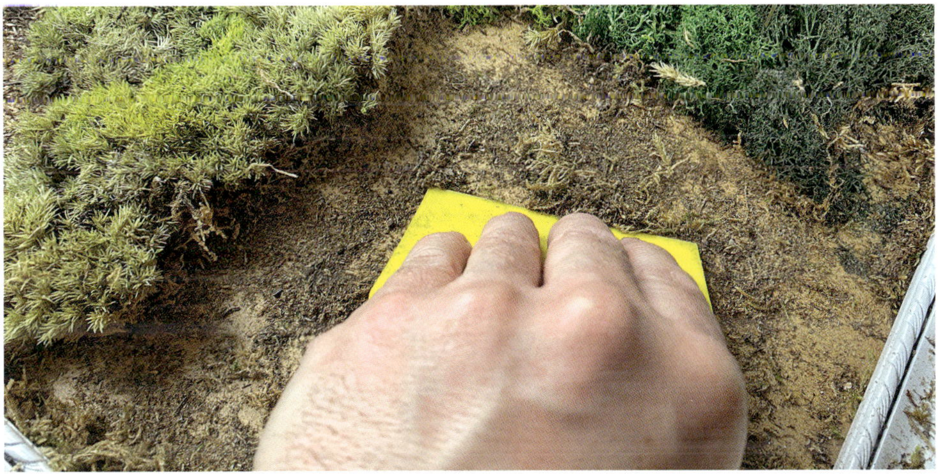
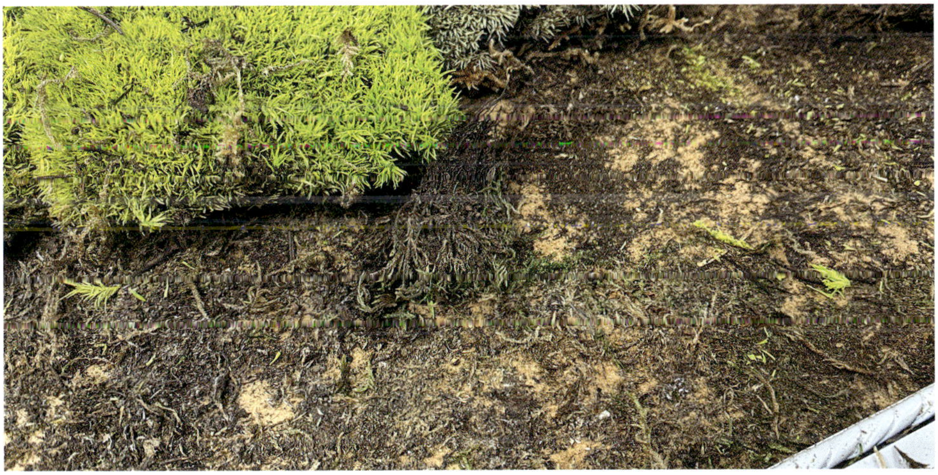

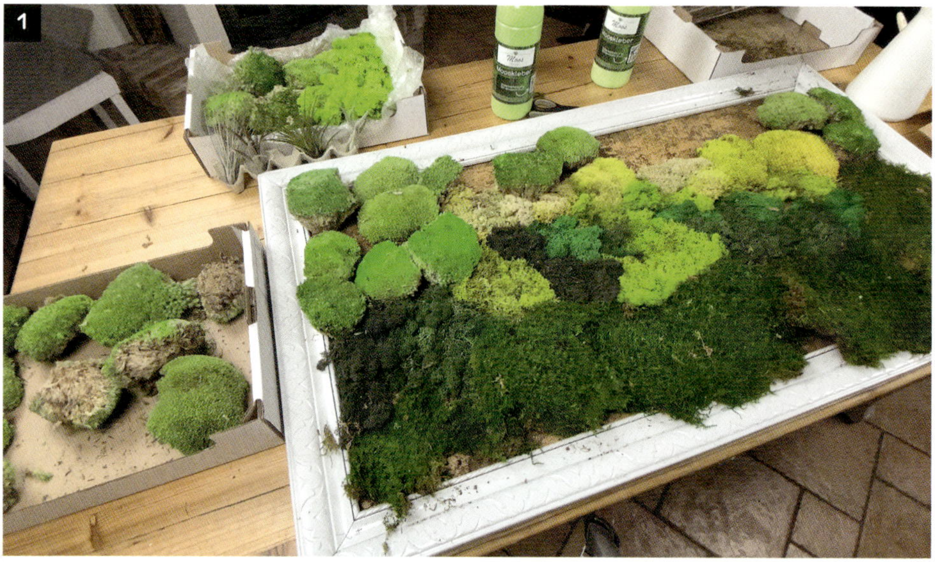

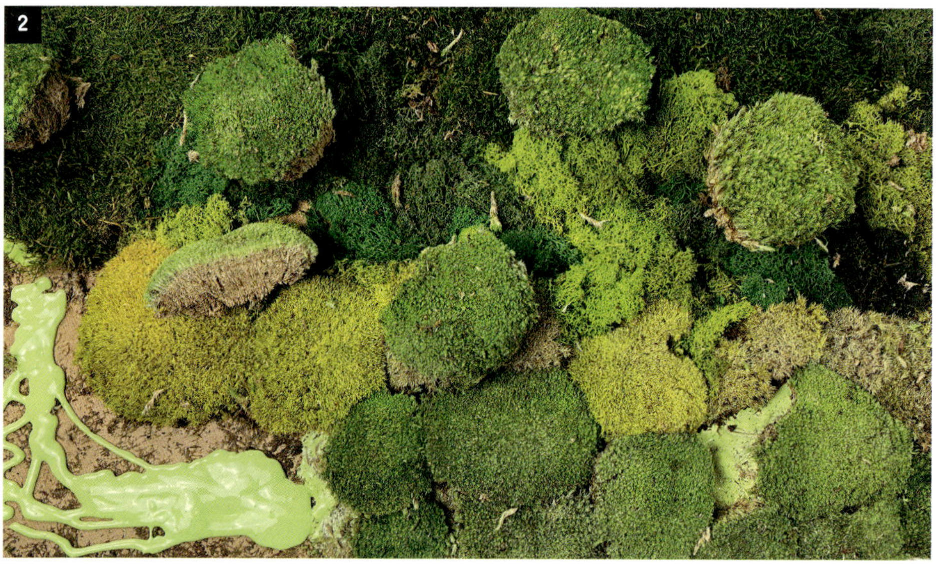

1. Auch hier wird vorgegangen wie bei den anderen Projekten. Das Moos wird erst im Rahmen ausgelegt, bis das Ergebnis gefällt.

2. Dann das Moos wieder abräumen und auf der Arbeitsplatte anordnen. Den Kleber großzügig mit dem Pinsel auf der Rückwand des Rahmens verteilen und das Moos verkleben.

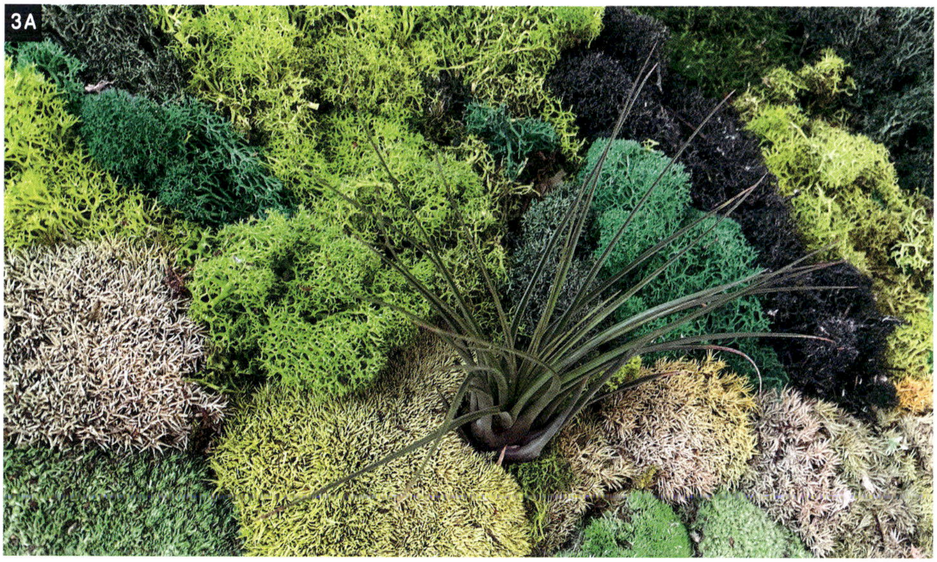


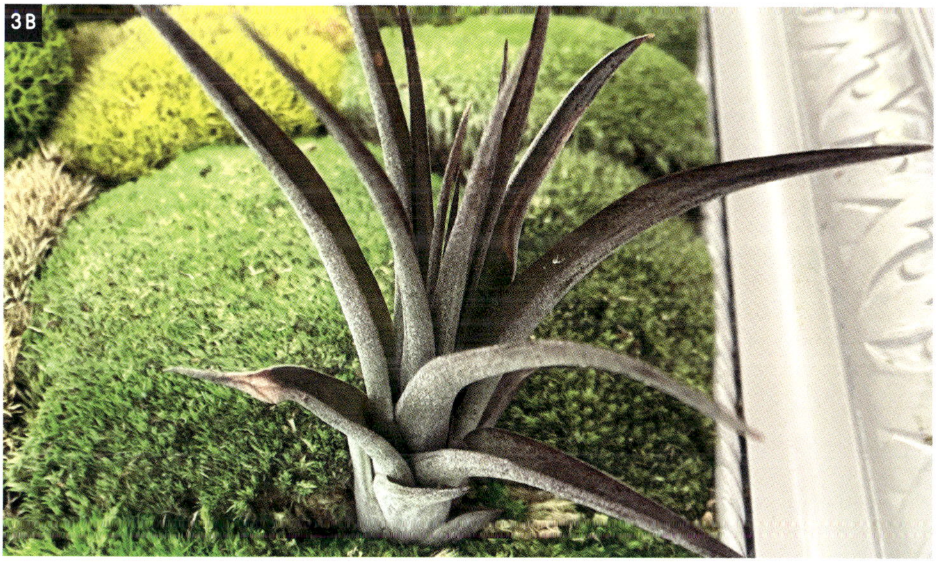


3. Zusätzlich werden noch vier Tillandsien verarbeitet; mehr Informationen, wie diese zu behandeln sind, findest du im nächsten Projekt.

4. Zum Schluss wieder alles nach Möglichkeit beschweren und trocknen lassen.

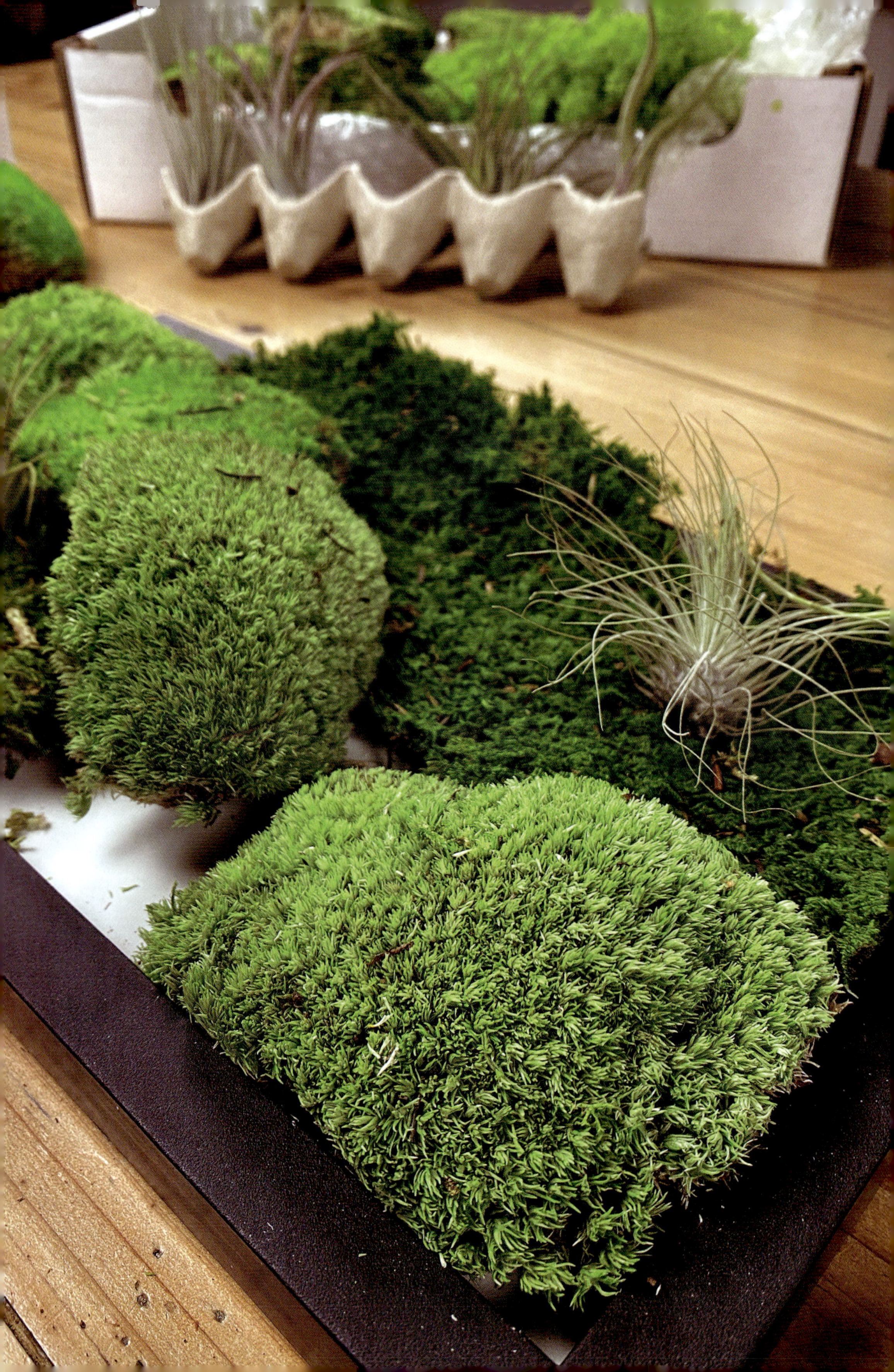

# Moosbild mit Tillandsien

Arbeitszeit ohne Trockenzeit: ca. 45 Minuten
Schwierigkeit: mittel

IN DIESEM PROJEKT MÖCHTE ICH LEBENDE PFLANZEN MIT IN DAS MOOSBILD INTEGRIEREN. BESONDERS GUT EIGNEN SICH DAZU TILLANDSIEN. DIESE PFLANZEN SIND ÄUSSERST ROBUST UND ANSPRUCHSLOS. SIE HOLEN SICH DIE BENÖTIGTE FEUCHTIGKEIT AUS DER LUFT, ES GENÜGT ALSO VOLLKOMMEN, WENN SIE EINMAL IN DER WOCHE LEICHT MIT EINEM FEINEN WASSERNEBEL BESPRÜHT WERDEN. DIE WURZELN DIESER PFLANZEN SIND REINE HAFTWURZELN; SIE HALTEN IN DER NATUR DIE PFLANZEN AN BÄUMEN UND STEINEN FEST. WIR KÖNNEN DIE TILLANDSIEN ALSO EINFACH MIT UNSEREM KLEBER AUF DEM BILD BEFESTIGEN.

**MATERIAL:**
- 3–4 mittelgroße Bollen Kugelmoos
- 0,5 m² Plattenmoos
- 2 Tillandsien
- 200 ml Kleber

**WERKZEUG:**
- 1 Rahmen, 35 × 20 cm
- großes Messer
- Schere
- Pinsel / Spachtel
- Schale für den Kleber

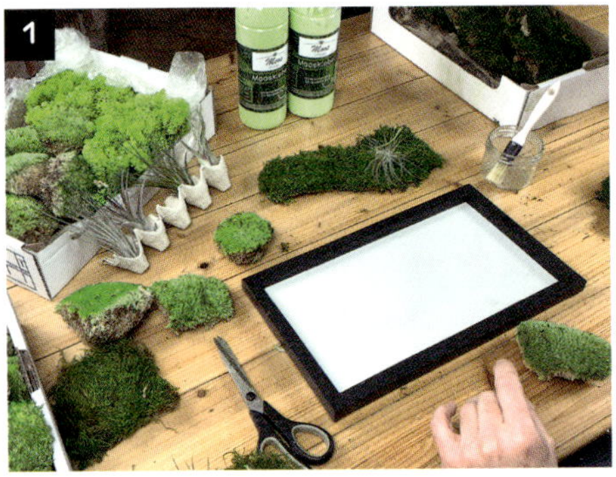


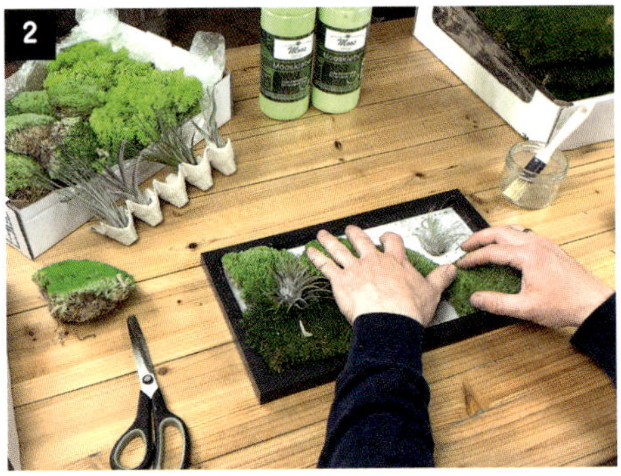


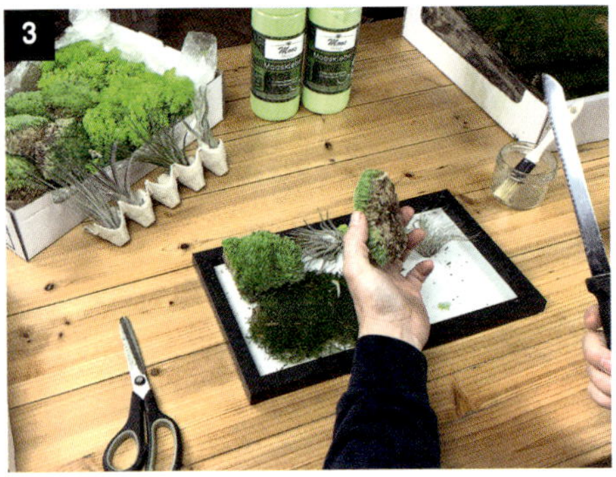


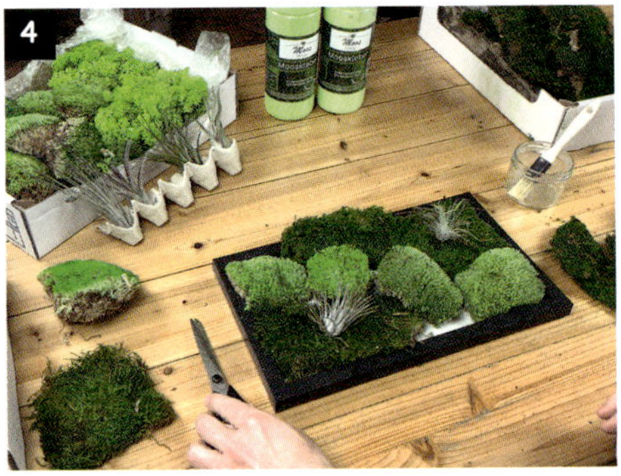


1. Lege den Bilderrahmen so auf die Arbeitsplatte, wie er später auch an der Wand hängen soll.

2. Das Bollenmoos verteilst du diagonal. Je nach Form des Mooses kann sich die Linie auch etwas schlängeln.

3. Mit einem langen Messer schneidest du von der Unterseite des Bollenmooses eine dünne Schicht ab, damit eine möglichst flache Fläche entsteht und das Moos gut verklebt werden kann.

4. Wenn alles richtig liegt und dir gefällt, kannst du dir bei kleinen Bildern die Position des Mooses einfach merken. Bei größeren Bildern kann es helfen, die Position des Mooses mit einem Bleistift zu markieren, bevor du es wieder vom Bilderrahmen herunternimmst.

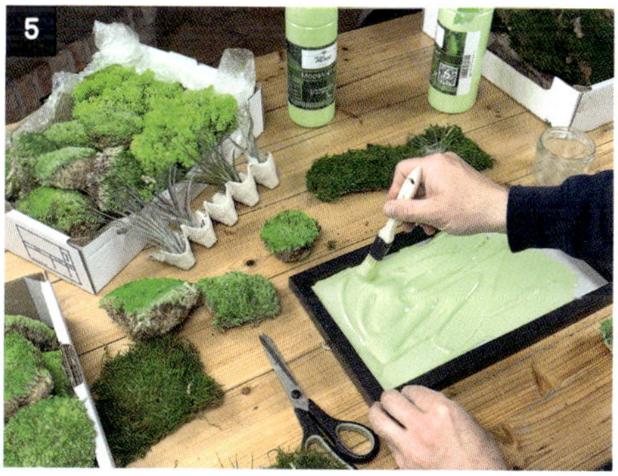


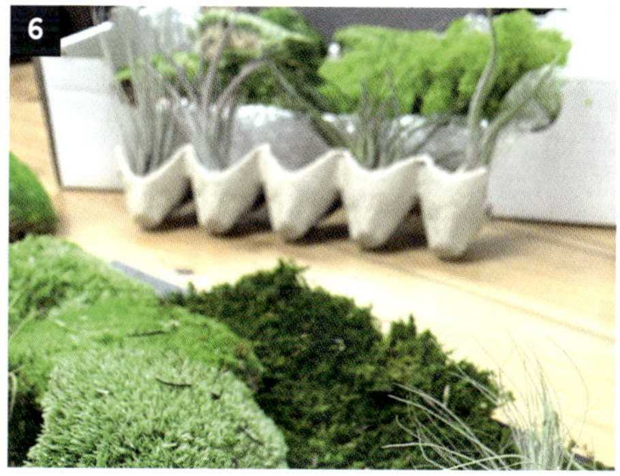


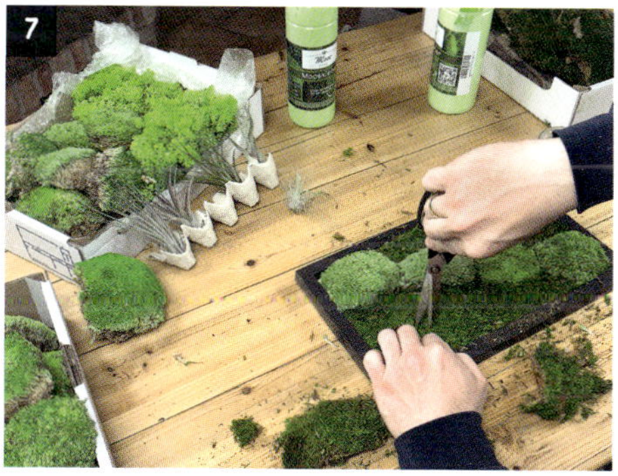


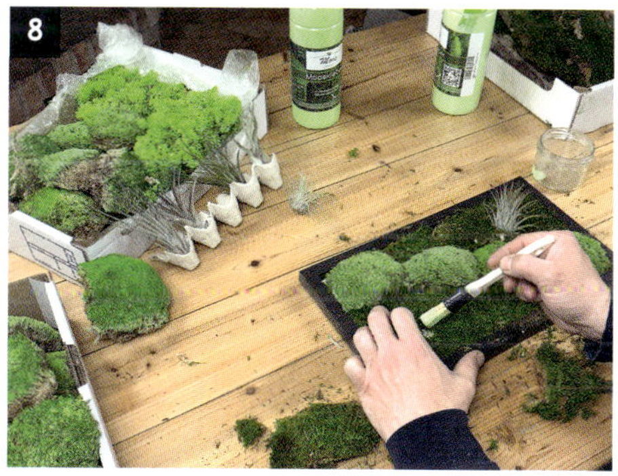


5. Liegt das Moos neben dem Rahmen, und die Rückwand ist sauber? Dann kannst du mit dem Auftragen des Klebers beginnen. Der Kleber trocknet langsam, deshalb kannst du ihn direkt auf der ganzen Fläche gleichmäßig mit dem Pinsel oder Spachtel verteilen.

6. Ist das Bollenmoos verklebt, kannst du die Flächen links und rechts mit Plattenmoos auffüllen. Achte darauf, dass das Plattenmoos beim Ankleben mit etwas Druck am Rahmen anliegt. Überschüssiges Plattenmoos schneidest du einfach mit der Schere ab.

7. Sind die Flächen mit dem Plattenmoos aufgefüllt, werden die Tillandsien platziert, zum Beispiel kann je eine Pflanze in die Mitte der Flächen mit dem Plattenmoos gesetzt werden.

8. Hier kannst du herumprobieren, was dir gut gefällt. Auch zusammen mit dem Bollenmoos wirken die Tillandsien sehr gut.

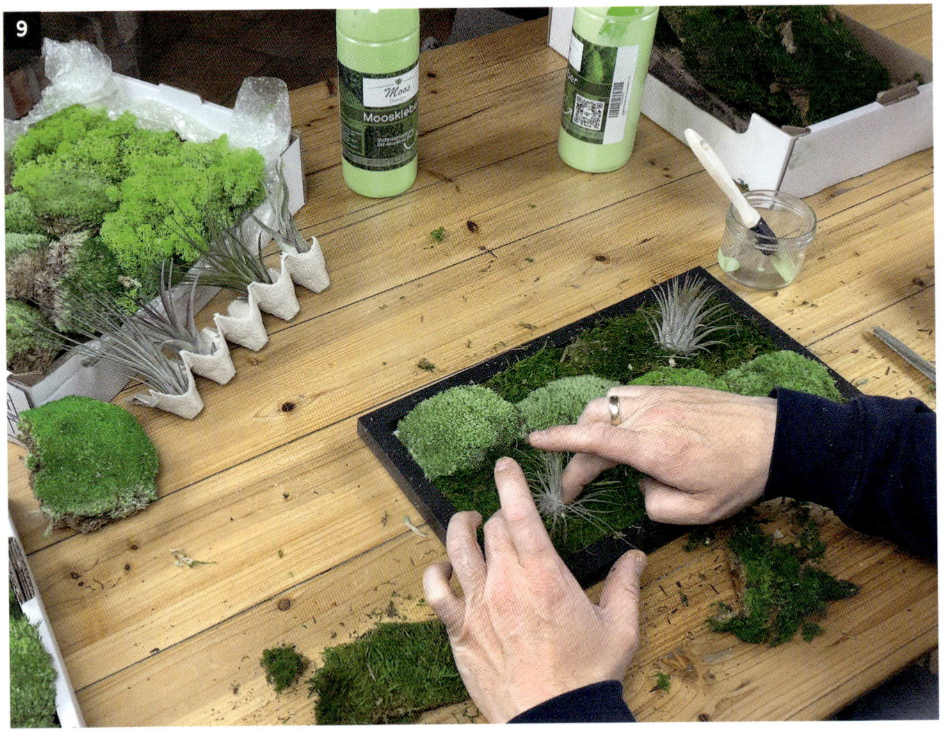


9. Ist der richtige Platz gefunden, schiebst du an dieser Stelle das Moos auseinander, sodass die Tillandsien in das entstandene Loch passen und die Rückwand des Rahmens berühren können. Jetzt füllst du das entstandene Loch zur Hälfte mit Kleber auf und drückst die Pflanzen in das Loch an ihren Platz.

10. Das Bild sollte im Liegen getrocknet werden.

10

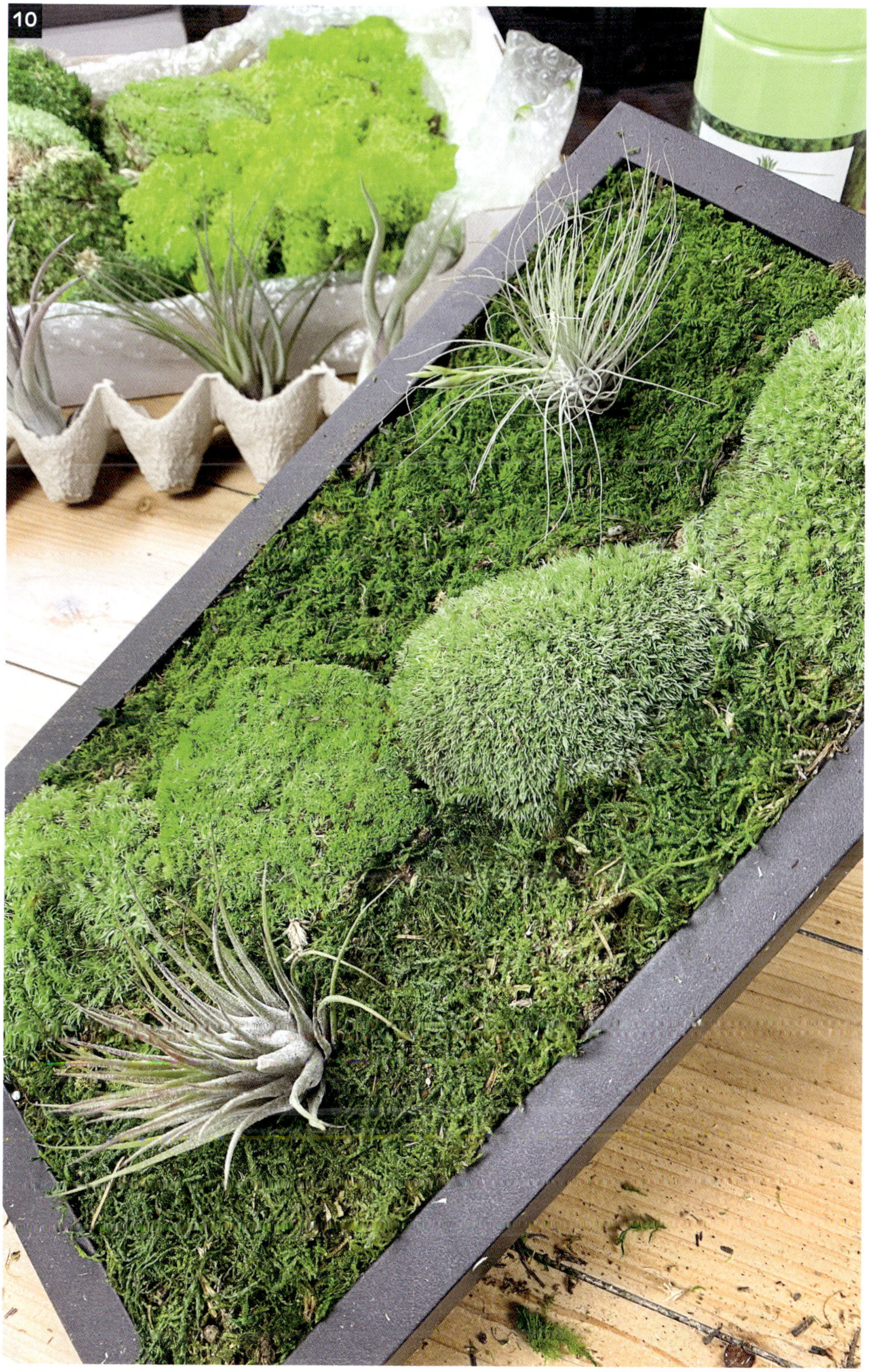

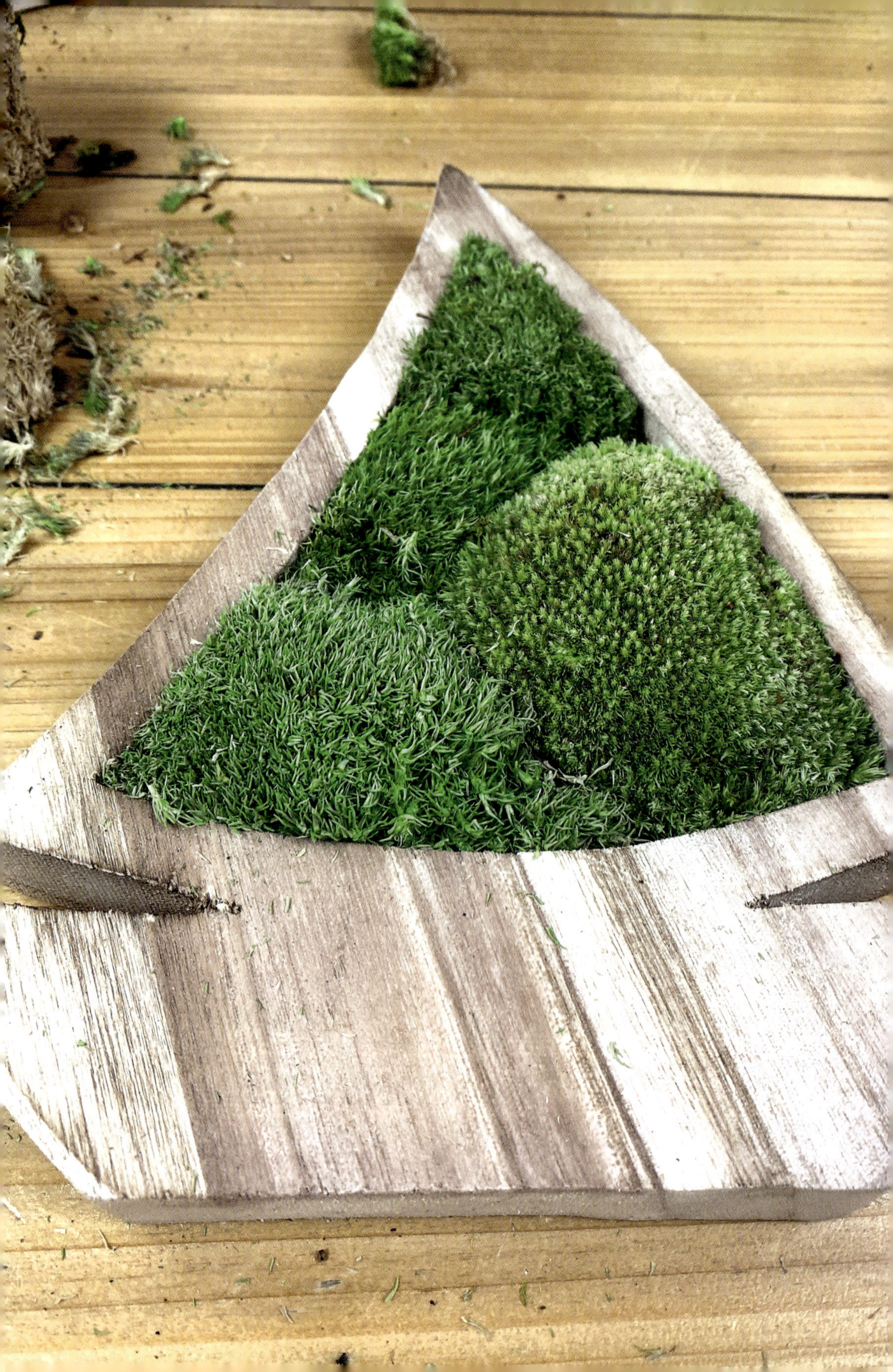

# Formenrahmen Segelboot als Geschenkidee

Arbeitszeit ohne Trockenzeit: ca. 30 Minuten
Schwierigkeit: leicht

RAHMEN GIBT ES MITTLERWEILE IN ALLEN FORMEN IM HANDEL, AUCH WENN DU NACH EINEM INTERESSANTEN GESCHENK SUCHST, DAS LANGE FREUDE BEREITET. IN DIESEM PROJEKT BEEINDRUCKT EIN RAHMEN IN SEGELBOOTFORM; ES GIBT ABER AUCH VIELE ANDERE FORMEN WIE ZUM BEISPIEL TIERFORMEN ODER DIE SEHR BELIEBTE HERZFORM. AUCH HIER SIND DEINER FANTASIE KEINE GRENZEN GESETZT. WORAUF DU ACHTEN SOLLTEST, IST, DASS DER RAHMEN EINE TIEFE VON ZWISCHEN 1 UND 4 CM HAT; DANN IST DAS MOOS AM BESTEN ZU VERARBEITEN, DENN ZU FLACHE RAHMEN MACHEN DEN ABSCHLUSS ZWISCHEN RAHMEN UND MOOS ETWAS SCHWIERIGER.

**MATERIAL:**
- 3–4 mittelgroße Bollen Kugelmoos
- Rahmen in Form eines Segelbootes
- 100 ml Kleber

**WERKZEUG:**
- Schere
- großes Messer
- Pinsel
- Schale für den Kleber

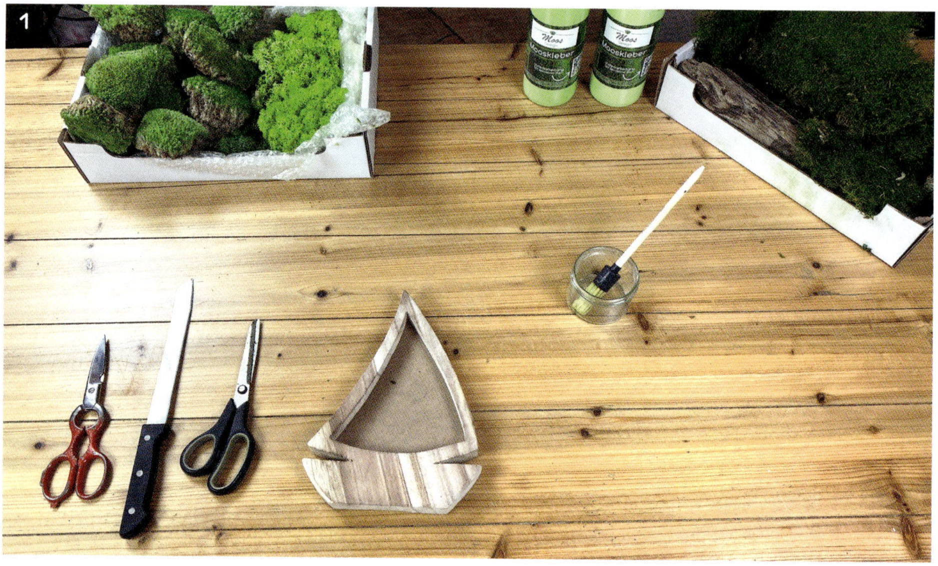


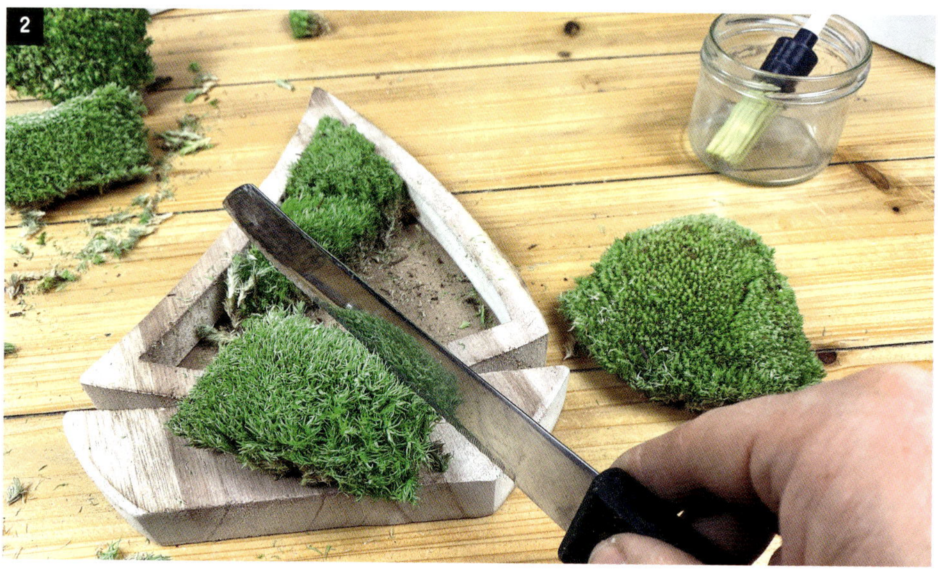


1. Lege den Bilderrahmen so auf die Arbeitsfläche, dass du mit der Perspektive des Betrachters auf das Bild schaust.

2. Lege das Bollenmoos (ohne Kleber) in den Bilderrahmen. Damit das Moos perfekt in den Rahmen passt, kannst du es mit Hilfe der Schere und dem Messer in Form bringen. Das Moos sollte mit etwas Druck angebracht werden; so gelingt der Abschluss zum Rahmen besser.

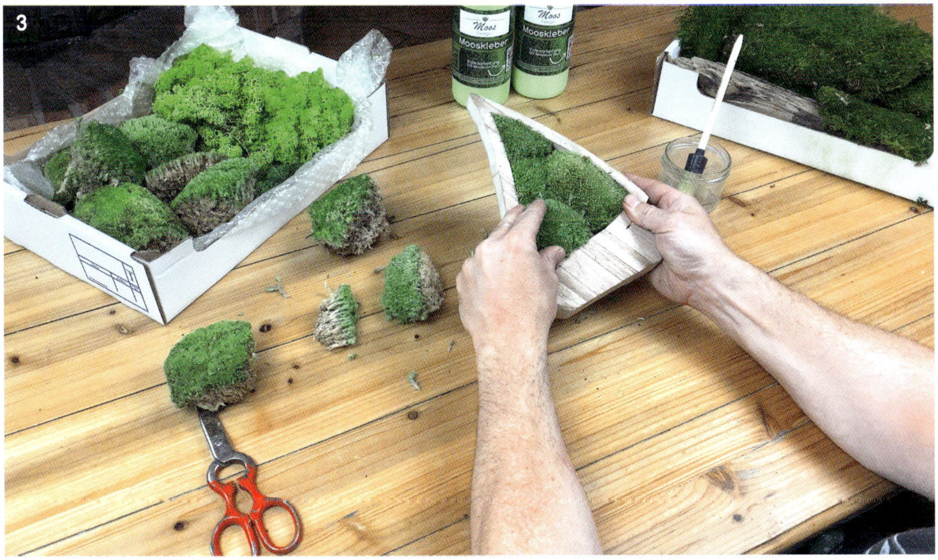


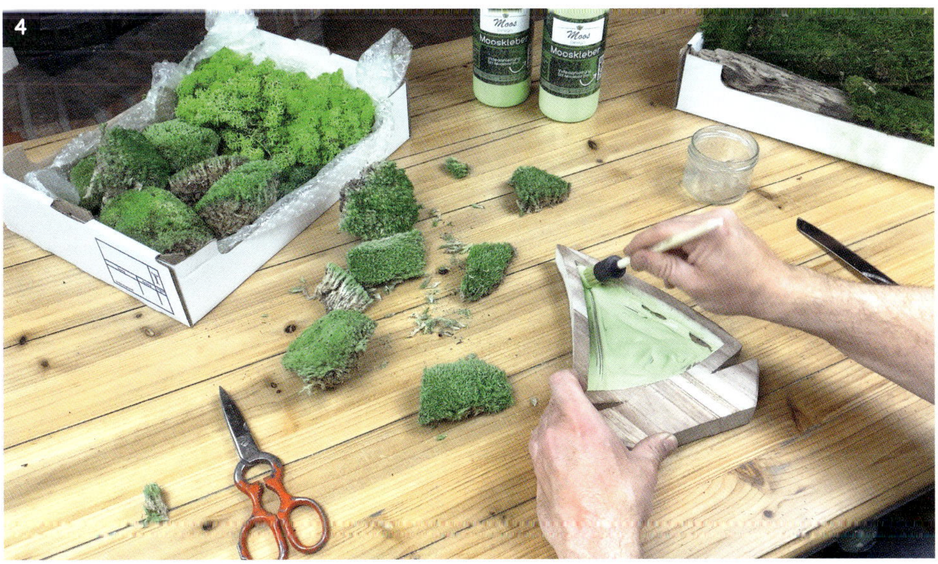


3. Wenn der gesamte Rahmen mit Moos gefüllt ist und du mit der Gestaltung zufrieden bist, nimm das Moos wieder aus dem Rahmen heraus und lege es so, wie es im Bilderrahmen lag, auf deinem Basteltisch ab.

4. Wenn der Rahmen wieder leer und die Rückwand sauber ist, verteile den Kleber mit dem Pinsel großzügig auf der gesamten Fläche.

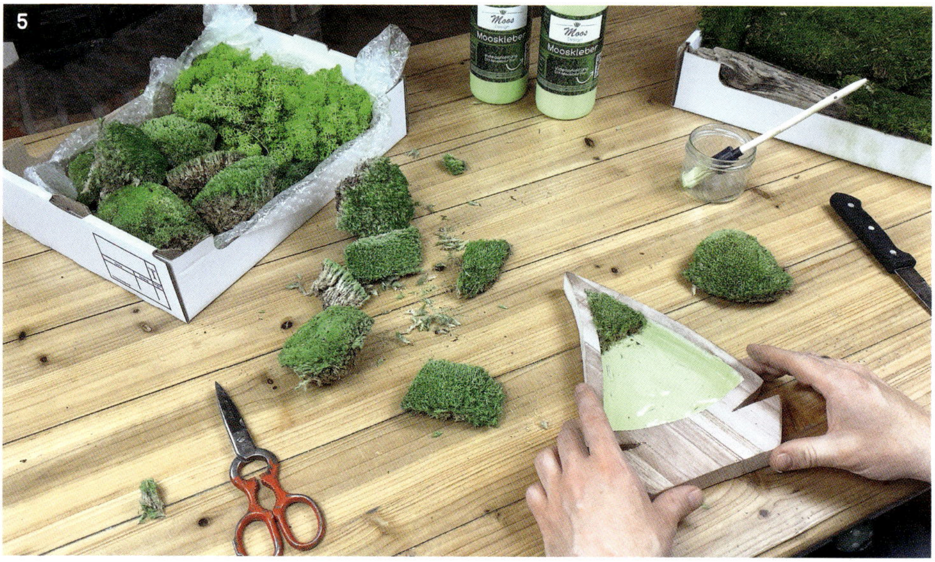


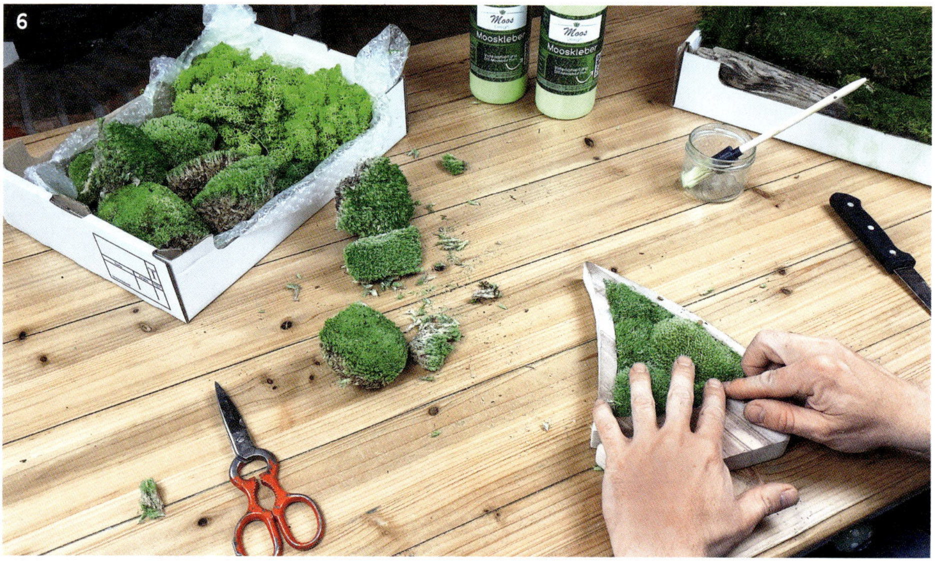


5. Stück für Stück setzt du nun die Moosstücke wieder an die vorgesehene Position. Der Kleber trocknet langsam; du hast also genug Zeit, das Moos noch etwas hin- und herzuschieben, bis es richtig sitzt. Achte darauf, dass keine Spalten entstehen; diese würden das Gesamtbild stören.

6. Am Rahmen sollte das Moos mit etwas Druck anliegen. Falls doch kleine Löcher oder Spalten entstehen, kannst du kleine Moosstücke hineindrücken. Am besten nimmst du dazu einen flachen Gegenstand wie zum Beispiel ein kleines Messer oder den Stil eines Löffels zur Hilfe. Damit gelingt es dir gut, die einzelnen Moosfasern in die Spalten zu drücken.

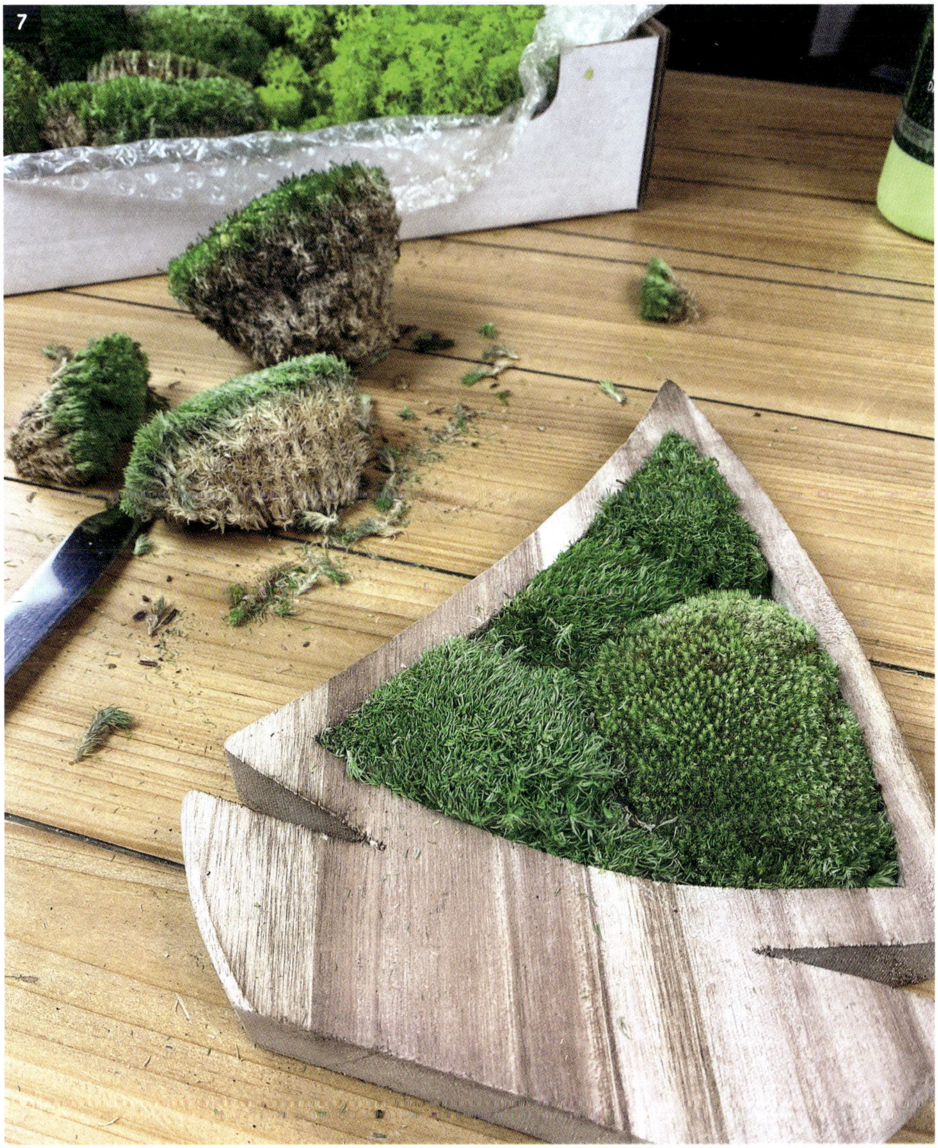


7. Wenn möglich, beschwere das Moos zum Trocknen etwas, sodass es über die gesamte Trockenzeit (24 Stunden) gut angedrückt wird.

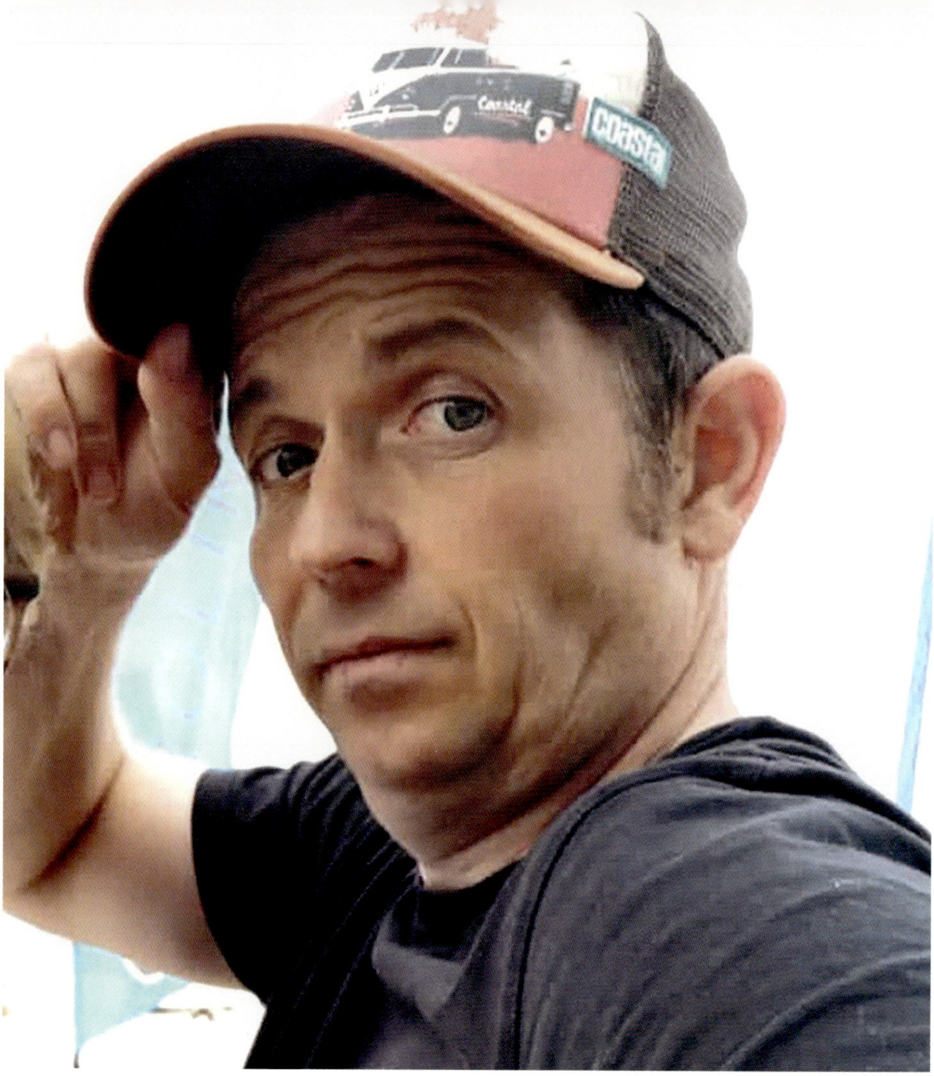

## ÜBER DEN AUTOR

Sven Job, Jahrgang 1980, lebt mit seiner Familie in Mecklenburg-Vorpommern. Über seinen Freizeitsport (Surfen) und seinen Beruf (IT-Projektleiter) ist er zum Bloggen gekommen. Aus der anfänglichen Spielerei des informativen Bloggens entwickelte sich seit 2007 eine Vielzahl von Ratgebertexten.

In seiner Freizeit begann er, Moosbilder zu gestalten und auf seinem Blog www.moosbilder.de zu zeigen.

## IMPRESSUM

Autor: Sven Job
Fotografie: Sven Job

Shutterstock: S. 4/5 (Tustel), S. 7 (Svitlana Hulko), S. 8/9 (Viacheslav Life Studio), S. 11 (Mr Boiko Oleg), S. 13 (Subbotina Anna), S. 14 (Hanahstocks), S. 15 (Magnus Binnerstam), S. 16 o. (xpixel), S. 16 u. (Zuzha), S. 17 (Olga Step), S. 18 (Viacheslav Lopatin), S. 21 (sangriana), S. 23 (mekholap), S. 25 (Mr Boiko Oleg).

Produktmanagement: Lena Denu
Lektorat: Brigitte Schnock
Korrektorat: Dajana Vidmar
Layout: Marcus Taeschner
Umschlaggestaltung: Regina Degenkolbe & Andreas Kersten
Repro: Ludwig:media
Herstellung: Kathleen Baumann
Printed in Slovenia by Florjancic

Unser komplettes Programm finden Sie unter

www.christophorus-verlag.de


★★★★★

**Sind Sie mit diesem Titel zufrieden? Dann würden wir uns über Ihre Weiterempfehlung freuen.** Erzählen Sie es im Freundeskreis, berichten Sie Ihrem Buchhändler oder bewerten Sie bei Onlinekauf. Und wenn Sie Kritik, Korrekturen oder Aktualisierungen haben, freuen wir uns über Ihre Nachricht an Christophorus Verlag, Postfach 40 02 09, D-80702 München oder per E-Mail an lektorat@verlagshaus.de.




Die Deutsche Nationalbibliothek verzeichnet diese Publikation in der Deutschen Nationalbibliografie; detaillierte bibliografische Daten sind im Internet über www.dnb.de abrufbar.





ISBN 978-3-8388-3827-4


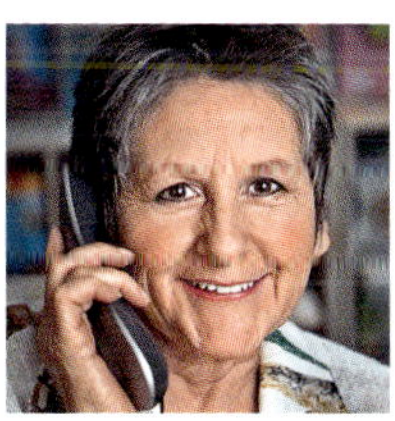

## Kreativ-Service

Sie haben Fragen zu den Büchern und Materialien? Frau Erika Noll ist für Sie da und berät Sie rund um alle Kreativthemen. Rufen Sie an! Wir interessieren uns auch für Ihre eigenen Ideen und Anregungen.
Sie erreichen Frau Noll per E-Mail: **kreativ-service@c-verlag.de** oder Tel.: **+ 49 (0)89 - 1306 99 - 577.**

Besuchen Sie uns im Internet: www.christophorus-verlag.de & www.selbstgemacht.de

# Ebenfalls erhältlich ...

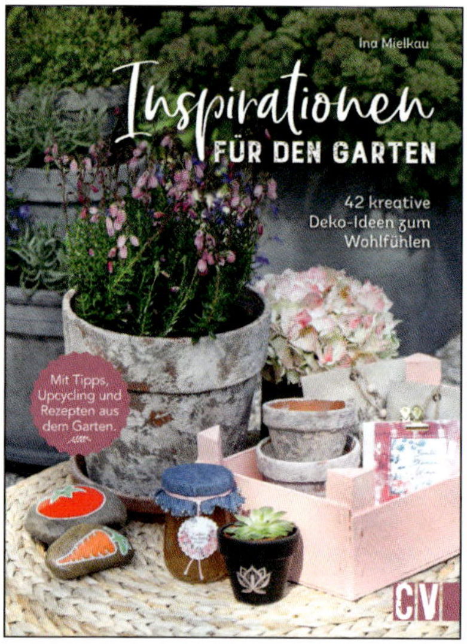


ISBN 978-3-8388-3828-1

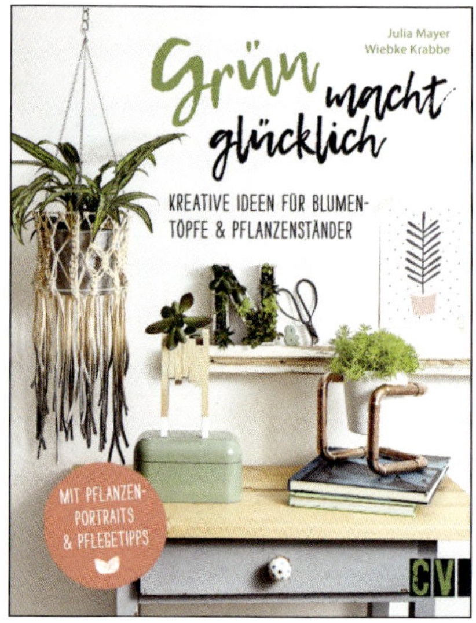


ISBN 978-3-8388-3682-9

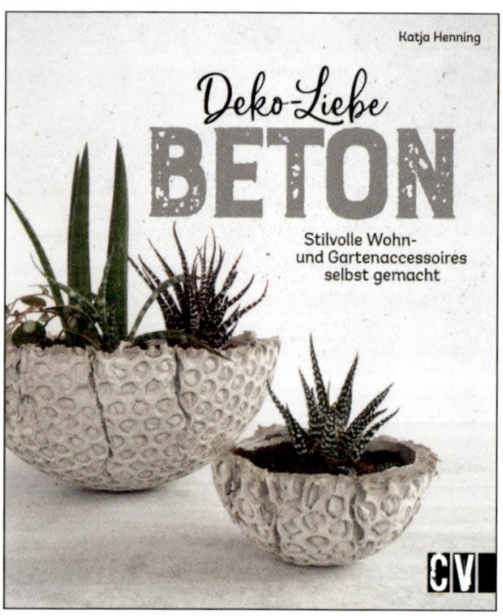


ISBN 978-3-8388-3826-7

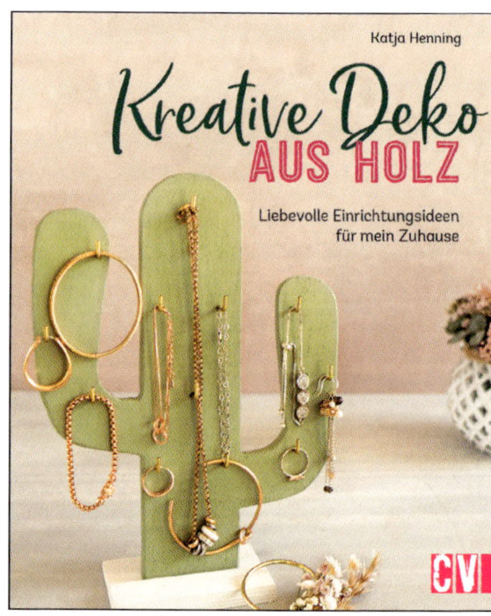


ISBN 978-3-8388-3825-0

CV

www.christophorus-verlag.de